多店舗展開を成功に導く

人材マネジメント入門

勢力匡展
SEIRIKI MASANOBU

幻冬舎 MC

はじめに

「よし、2店舗目を出そう」

飲食店や理美容室などのスモールビジネスで1店舗目を成功させたオーナーの多くがそう考えます。1店舗目で得た知名度や蓄積したノウハウが活かせ、売上増が見込めるのはもちろん、集客減などのリスクの分散もできる多店舗展開は事業の成長を実現する有力な選択肢です。

しかし、2店舗目やその後の多店舗展開でつまずいてしまうケースは少なくありません。特に目立つのが採用・育成といった人材に関する課題です。

2店舗目以降は、自分が現場できめ細かく対処することはできず、人に任せなければなりません。「名選手は名監督にあらず」で、オーナーがトッププレーヤーのマインドのままでは多店舗経営はできません。多店舗展開がうまくいくかどうか、その最大のポイントは人材のマネジメントにあるのです。

私は2010年に鍼灸《しんきゅう》整骨院を開業、7年目に2店舗目を開店し、その後5店舗まで拡大しました。各店舗の経営は順調で、本院は単店で年商1億円を超え、一部の全国チェーン店を除けば異例の売上規模といわれています。引き続き出店を続け、さらに店舗数を拡大していくつもりです。

こうした成長ができた背景には、人材マネジメントに重点をおいた取り組みがあります。具体的には、採用、育成、働きやすい環境づくりという視点でさまざまな施策を展開してきました。

採用について力を入れたのは、初めから「辞めない人材」を見つけるためです。サロン業ともいわれる整骨院業界は、もともと離職率が高いことで知られます。私は採用時点から、自社の理念や価値観と一致する人材のマッチングを行い、さらに「入社後に自分がどう成長していけるか」「どんな将来が実現できるか」ということを示して向上意欲を刺激することを心がけました。

育成については、一律の研修ではなく、人それぞれの思考スタイルや成長スピードの違いに合わせた学びのプログラムを考え、アウトプットを織り交ぜた効果的な研修方法を取り入れました。そして働く環境づくりについては、業界全体として立ち遅れている年間休日数の拡大や残業時間の抑制に積極的に取り組むと同時に、スタッフ間の社内専用のSNS上で、お互いに「ありがとう」の言葉を贈るシステムを運用、店舗は異なっても同じ組織の一員として互いに助け合い、感謝し、高め合っていくチームづくりを進めました。こうした取り組みが大きな力となって多店舗展開を成功させることができたのです。

本書は、多店舗展開の成功に欠かせない人材マネジメントについて、採用、育成、環境づくりの3つの視点からノウハウを詳しくまとめたものです。すでに確かな成果を生んでいるものであり、必ず役立つものになっていると思います。この一冊が多店舗展開を目指すスモールビジネスの経営者の参考になれば幸いです。

多店舗展開を成功に導く　人材マネジメント入門　目次

［第2章］　多店舗展開を成功に導く人材採用

効果的な募集・面接で入社前から成長意欲を高める

［第3章］　多店舗展開を成功に導く人材育成

［第1章］

深刻すぎる慢性的な人材不足……スモールビジネスの経営者が多店舗展開に失敗する原因

1店舗成功したら店舗を増やしたいのは経営者の常

念願の独立開業を果たし、晴れて一国一城の主《あるじ》となり、店を持った経営者。事業が軌道に乗れば、2店舗目の出店を考え始める人も多いと思います。

開業当初は、複数店舗の出店など考えていなくても、予想以上のお客様があり常連客も増えてくれれば、もう1店舗出してみようと考えるのは当然の流れです。

私が経営する治療院だけでなく、例えば、飲食店であれば、開業当初は客足がまばらで苦労していても、徐々にランチタイムに行列ができるほど客足が伸び、週末は予約で満席になることも珍しくなくなると、2店舗目を出店することでもっと集客を見込めるのではないかという期待に胸が高鳴ると思います。

美容院の場合、スタイリストの技術と接客が評価されるなどして、予約が数週間先まで埋まり新規顧客を受け入れられなくなれば、スタイリストを増やし2店舗目を出店しようと計画します。エステサロンも同様で、トリートメントの効果に満足した顧客からの口コミが広がり、新規顧客の予約が急増すれば、自然ともう1店舗出店してもうまくいくのではないかと、事業拡大へ夢を描くこともあります。

治療院そして飲食店や美容院、エステサロンなどのスモールビジネスの経営者にとって、多店舗展開は売上や利益の拡大はもちろんのこと、スタッフのキャリア形成のチャンスを大きくするという意味もあります。これまで管理職としての経験がなかったスタッフが、新店舗の店長などの役割を担うことでリーダーシップやチーム運営の経験を積むこともできます。そして、何よりスタッフが新しい目標を持ったり、モチベーションを高めたりする機会ともなり、チーム全体の士気の向上につながるのではないかと思います。

多店舗展開でつまずく経営者たち

しかし、1店舗目が順調だったからといって、2店舗目も同じように成功するとはいえません。2店舗目を開いて初めて気づかされることも多く、こんなはずではなかったと打ちのめされて早々に撤退することになってしまう例は少なくないのです。

例えば、店舗のスタートを急ぐあまり、2店舗目を業務に不慣れな新人スタッフでスタートしたため、1店舗目に比べサービスが低下したり、接客が雑になってしまったりといったことがお客様の不満につながり、評判を落としてしまうということはよくあります。

また、ラーメン店など飲食店では1店舗目の味をそのまま再現できず、その味を求めて来店したお客様の期待を裏切る結果になってしまう、ということも少なくありません。さらに、ロケーションの問題もあります。当初はアクセスや立地条件を厳しく見たうえで出店場所を選んだつもりでも、近隣に新たに競合店が出店し、思うように客足が伸びないということもあります。

このほか、1店舗目の成功体験から新店舗の規模を大きくしすぎることによって経費が増え、採算に乗せられないことも多く見られます。失敗にはさまざまな理由がありますが、2店舗目の経営が思ったように進まず、逆に引っ張って、1店舗目の経営にも影響が出るということがしばしば起こっています。

しかし、そうした失敗の中でも最も多いのが、人の採用や教育・育成、職場環境づくりといった人材に関する問題です。

鍼灸整骨院で実感した2店舗目の難しさ

私が2店舗目の展開で最も苦労したのもこの問題でした。

2店舗目を出すときは、2つのパターンがあります。力のあるスタッフに1店舗目を任せて、自分が2店舗目に集中するケース、または1店舗目で育てた力のあるスタッフに2店舗目を任せるケースです。

私の場合は、2店舗目を力のあるスタッフに新院長として任せるというスタイルでした。念願であった1店舗目の鍼灸整骨院は、私と同じ技術者である妻、さらに受付スタッフの3人体制で開業し、幸い集客は順調でした。少しずつリピーターも増え、スタッフも8人となり、店舗も手狭になってきたことから思い切って2店舗目を出すことにして、スタッフの中から技術面でも接客面でも力のある3人を選んでオープンしたのです。1店舗目より好立地と思われる物件を選んで出店しました。

ところが期待したほど2店舗目へのお客様はありませんでした。院の名前は地域に浸透しているはずと思い込み、立地も良いことからからそれなりの集客はできるだろう、そこからはリピーターを増やしていけばよいと考えていたのですが、それが甘かったようです。思ったほどお客様に来ていただくことはできず、家賃も高かったことから、赤字の月も出るようになってしまいました。加えて順調だったはずの1店舗目もスタッフが2店舗目に移って以降、お客様の来店の頻度が落ちてしまい共倒れになりかねない状況になってしまいました。

原因は2つあります。

1つは2店舗目の集客の失敗です。1店舗目がなぜ順調だったのか、それを掘り下げれば、親戚や友人の応援があったり、泥臭く近所に営業した効果や、オンライン集客が非常に有効だったりといったことがあるのですが、当時はそうした振り返りもせず、1店舗目の実績だけでいけるだろうと安易に突っ走ってしまいました。

しかし、より大きな原因は2つ目の人材のマネジメントに関するものでした。

突きつけられた人材のマネジメントの未熟

2店舗目に踏み出そうと思ったとき、その後の多店舗展開を考えても、いつも私が店にいるという店舗運営を続けていてはだめだと思い、自分で休日をつくりました。初めは週に2日、その後は3日、さらに4日というように店に出ない日を少しずつ増やしていきました。そして、その時間を利用して2店舗目の開業準備を進め、2店舗目がオープンしてからも、現場の施術メンバーには加わらず運営に当たっていました。

すると間もなく、顔を出すことが少なくなった1店舗目の経営が不調に陥りました。私というチェックする人間が不在がちになったことで、サービスの質が維持できず、お客様の来店が徐々に減っていったのです。現場では技術面でも接客面でも「こうしなければだめだよ」と指導しなければならないことは少なくありません。私はその役割を負っていました。しかし私がその基準を明確にしないまま現場から離れてしまったことで、私なら口を出すところが、基準が下がってしまうということが重なったのです。誰であれ、人にアドバイスを送ることは人間関係が気まずくなるのではないかと考えたりして、消極的になりがちです。まして基準や、どういう店にしていくのかといったことで意思の統一が図られていなければ、気になってもそのままにしてしまうということになります。実際、そういうことが起きていました。スタッフにどう育ってもらうのか、院長にはどういう役割を期待するのか、私の人材マネジメントが未熟であったために、2店舗目に乗り出した入り口で、私は苦境に立たざるを得ませんでした。

慢性的な人材不足が多店舗展開をさらに困難にする

私の失敗は、集客に関する見込み違いとマネジメントが未熟で人材育成ができていなかったというところに原因がありましたが、近年は、そもそも採用自体が非常に厳しくなっています。

総人口の減少と少子高齢化の進展で現在の日本では業種・業界を問わず人手不足が深刻化しているのです。帝国データバンクが実施した2024年度の業績見通しに関する調査でも、業績の下振れ要因として「人手不足の深刻化」を挙げる企業は全体の51％を超え、比較的採用がしやすいといわれる非正規社員についても30％を超える企業が「人手不足」と回答しています。特に、非正規社員については飲食店や旅館・ホテルなど個人向けサービスを提供する業種で不足を訴える企業は多く、その割合は60％から70％を大きく超えているのです。

高校新卒を求める企業数がここ数年で急激に増加していますが、これも若手を確保するため大卒採用のみだった企業が高卒採用を始める動きが活発になっているからです。厚生労働省の調査によると高卒者の採用求人数は44万4182人（2023年7月現在、前年同期比10・7％増）で求人倍率は3・52とバブル期後の過去最高を記録しています。この高卒者の求人でも製造業のほか宿泊業・飲食サービス業などで特に増えてきています。

求人数の多さでも示されているように、飲食や理美容、整骨院などのスモールビジネスでは、ほかの業種よりもさらに人が集まりにくいという傾向があるのです。仕事がきつそう、給料が安い、拘束時間が長く休みが取りにくい、上下関係が厳しそうだといったイメージが定着しているため、募集しても応募がない、あるいは非常に少ないという状況が生まれています。

人材不足の解消には、定着する環境づくりが必要

新たな採用が難しいという状況のもとでは、採用した人が定着する環境づくりが重要です。そもそも接客を伴う店舗型ビジネスでは離職率の高さが従来、大きな課題でした。

厚生労働省の離職率に関する調査によれば、特に離職が多いのが「生活関連サービス業」と「娯楽業」です。娯楽業とは映画館や劇場、ゴルフ場や野球場などが代表的なもので、生活関連サービス業は整骨院や整体院、理・美容室、エステティックサロンなどが含まれます。就職後3年以内の離職率（2020年3月卒業者を対象とした調査。2023年10月20日公表）を見ると、全産業の平均では高卒者が37％、大卒者が32％となっていますが、生活関連サービス業、娯楽業は高卒者57％、大卒者48％となっており、全18分類の上から2番目（トップは宿泊業、飲食サービス業）という高さです。生活関連サービス業は、いったん人を採用しても、定着させることが最も難しい業種の一つとなっています。

せっかく採用できてもすぐに離職してしまうのでは、採用にかけたエネルギーも費用もすべて無駄になり、再び募集から始めなければなりません。大手チェーン店などであれば、一定数の離職は計算に入れたうえで大量に採用するというやり方もあり、私が知る範囲でも実際に行われていますが、小規模な店舗展開をする私たちには到底選択できない戦略です。だからこそすぐに辞めない人材を採用し、入社直後から職場に定着できる環境づくりが必要です。この会社に来てよかった、ここで自分を成長させていこうという意欲を持ってもらうことが求められています。

ところが、小規模の店舗ビジネスの世界では、いまだに経営者が「とにかくオレと同じようにすれば間違いない」という職人気質の指導を行うことが多く見られます。

2店舗目を展開しようと考える人は、ほとんどすべてが自ら店長や院長として活躍している人だと思います。高い技術力を持ち、店も繁盛させているのですから、接客面でも優れたものを持ち、ファンも多いはずです。しかし、自分の技術や接客がなぜうまくいっているのか、どこが優れているのかということを客観的に分析することは少なく、自分の技術や接客を言語化できていないことが少なくありません。そのためスタッフの指導も同じようにできるまでまねをさせるというスタイルになりがちです。「オレはそうやってうまくできるようになった。だからできるはずだ。できないのは頑張りが足りないからだ」という根性論になり、それでも結果が出ないとイライラして「オレがやったほうが早い。そこをどけ」ということになってしまいます。

価値観や人々の意識は時代とともに変わります。「職人気質」は、もう若い人には通用しません。自分はどのように成長していけるのか、何をどのようにすれば、その道が拓けるのか、そしてその先にはどんな未来があるのか――今はしっかり目標を示し、そこに至る道筋を示し、伴走し励ましながら一緒に成長していくことが必要になっていると感じています。

多店舗展開型ビジネスの成功のカギは人材マネジメントにある

私は小規模で店舗展開する生活サービス業界に身をおきながら、２０１０年に1店舗目の鍼灸整骨院を開業し、その後、試行錯誤を重ねながら鍼灸整骨院や整体院を合わせて5店舗まで拡大してきました。中核となっている本院の売上は1億円を超え、業界では驚異的な数字といわれています。現在は5店舗に約30人が所属、各店舗で女性を含む5人の院長がリーダーとしてチームを引っ張っています。

私たちの会社の1店舗目に始まり全5店舗への拡大を支えたのは、人材マネジメントに力を注いだことでした。2店舗目が思うように利益を上げられず、順調だった1店舗目の経営まで不安定になるという事態に直面したとき、私が痛感したのは人の大切さです。にもかかわらず私は人材マネジメントについてまったく未熟でした。２店舗目を出店してうまくいかないときに、結局自分が現場にいなければだめだからと２店舗は運営できないと考え、１店舗のみに戻すというケースもよく耳にします。しかし私は知り合いの経営コンサルタントからも「たとえうまくいかなくても現場に戻ってはだめだ」と言われていました。確かに２店舗にした当初の苦しい時期には１店舗に戻すことも頭をよぎりましたが、それではただ元の姿に戻るだけであり、自分の成長もありません。

私は現場に戻らず、そのつらい時期を人材マネジメントについての学びに費やしました。その結果、同じ課題に直面してそれを乗り越えてきた多くの経営の師匠に出会うことができ、さまざまな考え方や取り組み方法を学びました。また私１人が学ぶのではなく、同じ課題意識を持ったスタッフと一緒に学んでいきました。こうした人材マネジメントについての取り組みが、その後の店舗展開の成功につながりました。

現在も私の店舗で働きたいという意欲の高い人材の発掘と採用を進め、一緒に目標を見定めながら成長の道を歩んでいます。一人ひとりの日々の成長の舞台となる楽しく風通しの良い職場環境をつくるため「ありがとう」の言葉が飛び交う風土づくりを進め、また、その中でマネージャーの育成も進めました。もちろんこれらの採用、教育、職場環境づくりは、ばらばらに行われたものではありません。採用だけ、育成だけを単独に進めようとしても効果は上がらないからです。それらをひとつながりのものとして一体的に取り組むことが人材マネジメントを成功させたポイントでした。

もちろん技術もサービスも重要です。しかし対面を伴う生活関連の店舗型ビジネスでは人材マネジメントがうまくいくかどうかが事業拡大のカギを握っているのです。

［第2章］

多店舗展開を成功に導く人材採用
効果的な募集・面接で
入社前から成長意欲を高める

人材マネジメントに欠かせない3つの視点

多店舗展開に欠かせない人材育成・人材マネジメントに取り組むためには、現場で自分と同じことをするように求める〝職人経営〟を脱し、技術と接遇の両面で、原則となるものをしっかりと言葉にすることがまず必要です。そのうえで、次の3つの場面に分けて具体的な取り組みを進めます。

①採用

全国に100店舗、200店舗を展開するようなチェーン店では、多くの新卒者を一括採用するアプローチが考えられます。しかし10店舗以下の小規模の展開で、そのように大きく手を広げると、資金も必要ですし、大勢の中から、目指す方向が合っている人を選ぶのも大変です。何十人も採用するわけではありません。手間をかけて、丁寧に、この人と店を盛り立てていきたいと思う人を探すべきです。

適切な人に出会うことから始め、職場見学や面接といった採用活動のプロセスの中で、この会社こそ自分が働きたい場所だという確信を強めてもらいます。また、せっかく採用できたスタッフがすぐに離職してしまっては、採用にかけたエネルギーもコストも無駄になってしまいます。とにかく入ってもらって、それから教育を考えるというのではなく、企業説明会、職場見学会、面接などの採用の各ステップで、「この会社でこそ自分は成長できる。ここに入社して長く勤めたい」という意識をしっかりと持ってもらうことが欠かせません。

②育成

接客を伴う生活サービス業で、特に技術習得が必要な場合は新人が短期間で十分な戦力になることはありません。サロン業の世界でも、基礎的な技術をひととおり教わっていても、アシスタントとして経験を積み、研修も受けて新たに学ばなければ一人前にはなれないと思います。整骨院の世界でも、柔道整復師（柔整師）と呼ばれる国家資格を持った技術者として就職しても、その技術がすぐに現場で通用することはまずありません。学び直すことが必要です。

しかし学びは簡単ではありません。どうすれば学びが進むのか、学びの方法も伝えながら段階を踏んで成長を促すアプローチが大切です。

さらに、スタッフのキャリアの方向性、仕事を通じて実現したい目標、望む人生や価値観といったレベルに踏み込み、対話をすることも欠かせません。

③働きやすい環境づくり

毎月の給料や年間休日、残業時間、社会保険などの福利厚生面をある程度充実させることは最低限求められます。しかし、世の中の大企業に匹敵するような条件をそろえる必要はないと思っています。条件を競っても大手企業には勝てませんし、その優劣を第一に考えて志望先を決める人が来ても、それは会社が求める方向に一緒に歩いてくれる人材にはならないからです。

福利厚生面の条件より大切なのは、笑顔でいきいきと働ける職場環境があることです。いったん人間関係でつまずくと職場が楽しいものでなくなり、場合によっては足を踏み入れるのもつらいということになってしまいます。いかに明るく楽しい雰囲気をつくるかは、スタッフ自身の成長、そしてお客様が店舗に対して抱く印象の面でも非常に重要です。

特に店舗数が増えると、同じ会社のスタッフであっても勤務先が別店舗なのでまったく接触がない、ということが起こります。店舗の枠を超えた交流の機会をつくることや、店舗単位ではなく会社としての一体感を醸成する取り組みも求められます。

採用、育成、環境づくりの3点こそ、多店舗展開を成功させる人材マネジメントのポイントです。

採用活動は集客に似ている

人材確保の第一歩は採用です。自分の店の存在に気づいてもらい、就職先としていかに魅力的であるかを知ってもらうというところから始まります。もちろん大手企業ほど給料も良くないし、福利厚生が整っていないかもしれません。

しかしことさら卑下して八方美人になる必要はありません。「給与が低いのではないか」「拘束時間が長いのではないか」「修業がきついのではないか」といった小規模なサロン業につきまとうマイナスイメージの払拭をことさらに意識することもないと思います。店舗にいかに集客するか、それと同じ発想が必要です。どういう人に来店してほしいかと考え、それに合った店づくりをする――同じように、経営者としてどういう人と働きたいかと考えて採用活動を始めることが必要です。

全国でチェーン展開する大手企業は初任給の高さや年間休日の多さで注意を引き、まずは多めに採用して「合わない人はいずれ辞めていって適正な採用人数に収まる」というスタンスで採用活動に取り組むところが少なくありません。こうした大手企業と競争しても待遇面の数字だけの勝負になってしまいます。

その結果集まった人材が、小規模店舗で同じ目標に向かって長く一緒に働いていく人材かといえば、そうとはいえません。より給与の高いところが見つかれば転職してしまう恐れがあります。初めから「その給与や勤務条件ではとても無理」と敬遠されてしまうような水準でさえなければいいと思います。とにかく応募数を確保したいと、就職活動中の人の目を引くような高給や休日の多さを掲げたり、ことさらにそれをアピールしたりすることは、かえってまずそこに注目する人を集めることになってしまいます。給与額や休日日数が劣ることがあっても、少しの違いであれば気にすることはありません。商品を購入する場合のことを考えれば、それが分かると思います。自分にはこの商品が良い、このサービスが欲しいと思った人は、多少価格が高くても購入してくれます。

この会社で働きたいという強い気持ちが生まれれば、給与や労働条件が最優先されるということはありません。一定の範囲内であれば、仮にその数字が多少低くても決定的な忌避要因になることはないはずです。福利厚生面で背伸びをすることは、かえって応募者の質を期待するものから外してしまう原因になりかねません。

もう一つ、採用活動が集客に似ているといえる点があります。それは集客が「買ってくれてありがとう」「来てくれてありがとう」というところから始まるように、採用活動も「私たちの会社に注目してくれてありがとう」「入社してくれてありがとう」というところから始まるものだからです。

日本には何百万という会社があります。就職希望者の関心のある業界や生活圏の範囲に限っても、何百、何千という数の会社があります。その中から、短期のアルバイト先ではなく、これから自分の人生の貴重な時間を預け、そこを中心に生きていく場所として、あるいは少なくともその有力な候補として、自社を選んでくれるのです。それはとてもありがたいことであり、素晴らしい出会いではないかと思います。まずその縁をうれしいことと思って大切にする、選んでくれたことに報いたい、がっかりはさせないと思うことが、採用活動の大前提です。そのマインドを持つことが採用活動のスタートです。

効果的な求人情報の提供を考える

採用活動は、まず会社の存在を知ってもらうことから始まります。

大手の就職人気企業というわけではないので、まずは存在に気づいてもらうことが必要です。しかし採用に大きな予算や労力をかけられない小規模企業は、採用に関する情報告知も、大きく投網を打つように広げることはできません。自社の情報を見てほしい人が日常的に目にするものを想定し、そこに絞って効率の良い情報提供をすることが必要です。採用したい人材のボリュームゾーンはどこにあり、その人たちが日頃何を見て情報を得ているのか、どのような行動範囲・行動スタイルなのか、それを見極めたうえで、自然に目にとまるような情報提供を考えていきます。

特に今のZ世代（1990年代後半から2010年代初めにかけて生まれた世代で、インターネットやスマートフォンを使いこなしてきたいわゆるデジタルネイティブ世代）は、自分が求める情報は自動的に入ってくるようになっていることから、アグレッシブに自分から情報を取りにいき、深く検索していくということをしません。採用したい人材が頻繁にアクセスするような情報サイトやSNSのコミュニティ、購読誌、よく出かける場所などを知って、自社と出会う機会を増やし効果的な情報提供を工夫することが必要です。

また、理美容師や医療・介護系の柔整師、あん摩マッサージ指圧師、鍼灸師、調理師などの技術職に特化したマッチングサイトもあります。こうしたサイトは、求人・求職いずれも中途採用で利用されてきたのですが、今では専門学校の卒業を間近にした新卒者も対象としていて、生徒側にとってもなじみのあるものになっています。そこが企業と学生の初めての接点となることも少なくありません。

自社が採用の対象とする学生と確実に接点が持てることは、専用マッチングサイトの利点です。ただし、同業者が横並びになるので給与や福利厚生面などが比較されやすく、閲覧する側の目もそこに行きがちです。また、横並びの中では自社ならではの理念や目標、職場の雰囲気や人の魅力といった独自性をアピールすることも大切になります。ところが、情報掲載の範囲や内容・量があらかじめフォーマットとして固定され自由度が低い場合が多く、独自のアピールはしにくいのが現状です。さらにこうしたサイトや就職エージェントを利用して採用すれば、成功報酬として数十万円から年収の30％といった手数料が発生するのが一般的なので、かなりの採用コストを覚悟しなければなりません。マージンについては掲載を検討する際に、しっかり確認しておくことが重要です。

自社の紹介や魅力のアピールは、テキストはもちろんですが、それ以外にもオフィス風景や職場環境の分かる画像や動画、働く社員の一言など、実際に働く様子をイメージできるコンテンツを盛り込むといったことが自社を選んでもらうために重要です。マッチングサイトの自社ページでは無理でも、自社ホームページやSNSなどを通じて情報発信をしていくことを考えていきます。

働き手の意識の変化をキャッチする

今新卒で社会人になろうとしている人は、平成の半ば以降の生まれ、2002年頃から2006年頃の生まれです。2001年にアメリカで起こった同時多発テロ事件や2003年のイラク戦争、2004年のアテネオリンピックやその次の2008年の北京オリンピック、さらに同年のリーマンショックに端を発した世界金融危機も、生まれる前か、生まれていても幼くて記憶に残っていない世代です。

この世代を特徴づけるのはなんといってもインターネットの定着とスマートフォンの爆発的な普及です。2008年以降、インターネットの利用率は75%を超え、2021年には82・9%に達しました。また、2007年にアップルがiPhoneを発売して以来、スマートフォンは一気に普及し、2022年の総世帯における普及率は88・6%に達し、20代ではほぼ100%の普及率となっています（「令和4年版情報通信白書」総務省）。

もう一つこの世代を特徴づけるのが、共働き世帯が増加を続け、それに伴って「ワーク・ライフ・バランス」への関心が大きく高まっていったことです。共働き世帯は

1997年には、いわゆる専業主婦世帯を上回り、それ以降、共働き世帯は一貫して増加、2021年には、その比率は7対3にまで広がっています。ちょうどこれから社会人になろうとしている世代が生まれた直後の2007年、内閣府は「仕事と生活の調和（ワーク・ライフ・バランス）憲章」を定めました。そこでは、ワーク・ライフ・バランスが実現した社会とは、「国民一人ひとりがやりがいや充実感を感じながら働き、仕事上の責任を果たすとともに、家庭や地域生活などにおいても、子育て期、中高年期といった人生の各段階に応じて多様な生き方が選択・実現できる社会」と定められました。

家庭より仕事が圧倒的だった時代は昭和的と葬られ、ワーク・ライフ・バランスの重視が大切な価値観になったのです。なかなか上昇しなかった男性の育児休暇取得率も、2017年には5％を超え、2022年には約17％と過去最高となり、5年間で3倍を超す増加となっています（「令和4年度雇用均等基本調査」厚生労働省）。

こうした大きな時代の流れを背景に、就職に臨んでも「家族との時間を大切にするため勤務地を限定して働きたい」「会社が求める仕事と自分が従事したい仕事が違う場合は転職もいとわない」「仕事で昇進・昇格するよりもワーク・ライフ・バランスを重視して働きたい」といった仕事と家庭の両立が果たせるような働き方を求める傾向が強まっています。特に若い世代ほどその傾向は顕著です。

また、人生100年時代といわれる中、長期的な人生設計の必要性を感じている人や、高齢期での生活が長くなるため、定年まで勤めることよりも長く収入を得ることができるスキルの獲得が重要であると考える人が増えました。その結果あえて転職を重ねながら異なるスキルを身につけようとする人も増えています。

低下する開業志向

理美容や整骨院・整体院、エステサロンなどの、独自の技術でサービスを提供する業界に入ろうとする人の世界でも、変化が起きています。その端的な表れが開業志向の低下です。

以前、この業界に入る人のほとんどは、いずれは開業して一国一城の主になるという明確な目標を持ち、そのため最初は〝丁稚《でっち》奉公〟で安月給・長時間労働であっても頑張って技術を身につけ、いずれは独立と考えていました。「あの技術を覚えたい」「あの経営手法を学びたい」など、開業に役立つスキルが手に入るかどうかが就職先の選定基準の大きな要素だったのです。実際、私自身が専門学校に通っていたのは20年ほど前のことですが、今卒業アルバムを見返して追跡してみると、多くの方が開業しています。ところが、今の専門学校生に話を聞くと、将来の開業を前提としている人の数は、3分の1にも満たないのではないかと感じます。また、職人肌で自分なりの技術を極めたいと思っている人も少数派で、多くの人は基本に忠実な、オーソドックスな技術を身につけたいと考えているようです。意欲あふれる人も、それが開業に向かうというよりは、腕を磨きたい、誰かの役に立ちたいという自分の成長や社会貢献に目が向いています。

どちらが正解かという話ではありません。ただ、今の世代の特徴はよく知っておく必要があります。自分の時代の常識で考えていては、今の若い人とのコミュニケーションは成り立ちません。「私はこれでやってきた。分からなくてもまねをすればいい」「いずれ開業するのだから、今は修業だと思って頑張れ」と言っても「はい分かりました」とはならない状況があるのです。

どんな成長が可能か、具体的にイメージできるようにする

採用にあたっても「黙ってまねる」「我慢する」ことを求める会社ではなく、こういう成長が可能になる、こんな未来がある、ということを、具体的にイメージできる形で示すことが必要です。必ずしも開業をゴールにしていない相手に「開業のスキルが身につく」と言っても響きません。「1年でここまでできるようになった先輩がいる」「入社3年目の先輩はこれだけの収入を得ている」「お客様からこんな感謝の手紙をもらったスタッフがいる」「この先輩は女性で結婚もしているが、家庭と仕事を両立させて今では院長になった」……といったリアルな姿を示すことが必要です。

もちろんそのためにはこういう努力がいる、ということは伝えなければなりません。誰でも簡単にできるかのように言うのは正しくないだけでなく「本当だろうか？　うわべの体裁を整えようとしているだけではないか」と疑心暗鬼にさせてしまいます。ですから「もちろん相応の努力は必要だ。あなたの努力も欠かせない。ただし、誰でもそれができるように工夫しているから心配はいらない」ということを伝えることも必要だと思います。

企業の理念や目指すものをしっかりと伝える

各自の成長のイメージを伝えることと並んで重要なのは、この会社が何を大切にしているのか、なんのために存在しているのかという理念を示すことです。理念への共感、その理念に示された価値観を共有することこそ、給与や労働条件などを超えて「この会社で働きたい」と思う源泉であり、多少つらいことがあっても、それを乗り越えていく力になります。そして、簡単には辞めない人材に入社してもらうことができるのです。

実は私たちの会社でも、14年前のスタート以降しばらくの間、私が自分の言葉でつくった理念はありませんでした。「関わるすべての人の幸せの追求」といったスローガンはあったのですが、私の価値観や大切にしてきたものなど、改めて自分の内面を掘り下げてつくったものではなく、聞かれればそう答えるという程度のものでした。しかし少しずつスタッフが増え、店舗数も拡大する中、組織の結集軸として理念は欠かせないと考えるようになりました。ある社外の勉強会のワークで、自分が心から大切にしているものを言葉にするというものがあったとき、私はその機会を活かして、「笑顔の輪を広げる」という企業理念を定めました。

取り決めた「経営理念」は次のような趣旨のものです。

「私たちは顧客に喜ばれる仕事を通して『笑顔の輪を広げること』を使命として広く社会に貢献する存在」であり、そのために「物心ともに豊かな環境を創造し」「心身の健康を提供し」「すべての商品・サービスに対して本物を追求し続ける」。

当初自分の中には、笑顔だけでなく幸せや信頼、親切や貢献、愛など、大切にしたいさまざまな価値があり、言葉がありました。その中でなぜ「笑顔」を選ぶのか、そしてそれが「輪」になること、さらに「広げる」ことがなぜ必要なのか、それを改めて考え、言葉にしていった経験は貴重でした。一言「笑顔の輪を広げる」と聞けば、当たり前で驚きもなく耳に入ります。しかしこれを当たり前で済ませるのではなく、改めてこういうフレーズをまとめ、最も大切なものとして掲げる意味を言葉にすることは、簡単ではありませんでした。それをワークの中で試み、自分の言葉として語るときに、初めて自分にも腑《ふ》に落ちるものになり、人に想いを込めて話せるものになりました。言葉にする過程を丁寧に積み重ねたからこそできたものだと思います。その後は、自分の言葉で、経営理念の意味やなぜそう決めたのかを語ることができるようになり、人に対する説得力も高まりました。実際、この経営理念に共感したからと入社を希望する人も増えていきました。

相手に響くアプローチを工夫する

会社の理念を伝え、自分の成長のイメージを持ってもらうことが、採用時には大きな力になります。ただし、同じ言葉で語り、同じ写真や映像を見せても、それが相手にどう響くのかは人によって異なります。これはあらゆるコミュニケーションに共通することで、採用活動のときからしっかり意識しておかなければならないことです。

人は多様な存在です。同じ言葉を聞き、同じものを見ても、受け止め方は異なります。自分を振り返っても、どういう言葉にぐっとくるのか、どういう状況にはっとさせられるのか、それは人と同じではないはずです。自分がいいと思うからではなく、相手の傾向をつかんで、相手にとっていちばん効果的な方法でアピールすることを考えていく必要があります。

例えば「バースデイサイエンス」と呼ばれる、誕生日を使って性格を診断する統計心理学があります。人の性格は大きく「直感重視」「人柄重視」「結果重視」の3タイプに分けることができ、それは誕生日で分かるというものです。本当に誕生日で分かるのか、科学的ではないと受け取る人はいるかもしれませんが、人の性格がタイプ分けできることは否定できません。直感タイプは、権威性やステータス性に惹《ひ》かれやすい人です。テレビで紹介されていた、有名人が訪ねた、地域で一番といったことに敏感に反応します。人柄タイプは、いい人だ、信頼できる人だ、人間関係が良さそうだということが判断の大きな基準になります。結果タイプは、性能が素晴らしい、給与がいい、確かなデータがあるといったことに反応します。

相手のタイプが分かっていれば自社を紹介するときにも、地域のナンバーワン店としてマスコミにも取り上げられたとアピールしたり、先輩はいい人ばかりでスタッフ間の関係も素晴らしいということを強調したり、入社2年目で給与はここまで上がり、将来のキャリアアッププログラムも、こんなに明快だと示したりするなど、アピールの切り口も変わります。作り話をするという意味ではありません。事実のどの側面を語ることが相手に響き、何がきっかけとなって話が弾むかということです。もし自分が積極的にアピールしているポイントがどれかに偏っていたら、一部の人にしか響かないものになってしまうかもしれません。

生年月日も分からず、相手がまだよく見えない最初の段階はどのタイプの人にも響くように偏りがないよう配慮し、相手のタイプがつかめたら、それぞれに応じた内容を工夫する――それがスムーズで豊かなコミュニケーションを生みます。

バースデイサイエンスと似たものに動物占いもあります。やはり誕生日から12種類の動物とそれぞれのキャラクター60種類に分け、性格や特徴、人間関係、運勢などを占うものです。また類人猿診断というものもあります。一定の設問に対する答えを根拠に人を４種の類人猿にタイプ分けするものです。オランウータンは職人肌、チンパンジーはリーダーシップにたけ、ゴリラはまわりの意見を尊重するもの静かなタイプで、ボノボは協調性があるといった見立てができます。

占いや診断などあてにならないもので、それは単なるゲームにすぎない、そもそも人間を単純なカテゴリーに分類することは本来不可能、自然体で心を込めて会話を重ねることで互いの理解は深まる――そう考える人もいると思います。しかし、人には個性があり、生い立ちや境遇、環境が違えば価値観も物事の感じ方も一人ひとり違います。相手を知らなければ、本当の意味でのコミュニケーションは成立しません。その糸口として有効なら、さまざまな占いや類型化も使ってみればよいと思います。

もともと日本人の傾向として、人と人の間にある違いを見たがらない、違いがあることはマイナスなこと、嫌なことと受け止める傾向があります。以心伝心やあうんの呼吸が成立するところが、いちばん居心地が良いと感じるのです。そこから意を尽くせば必ず理解し合えるといった感覚も生まれています。

しかし、人は一人ひとり異なる存在です。どういう表現がその人に伝わりやすいか、それを考え、実行することは、お互いを理解し合うために必要であり、コミュニケーションを豊かにすることにつながります。分かるはずとか、正論だからという理由で、誰に対しても同じ言葉と同じ表現方法で臨んだら、コミュニケーションを貧弱なものにしてしまいます。それは単に自分が感じる正しさであり、自分にとっての分かりやすさにすぎません。

相手にとって価値ある情報を提供する

理美容や鍼灸整骨院、整体院、飲食店など、専門の技術者を雇用する労働集約型の小規模事業では、専門学校の生徒に直接アプローチすることが、最も効率的で効果的な自社紹介とアピールにつながります。

各校では生徒の就職を支援するため学校主催で合同企業説明会を実施するのが一般的です。この説明会が採用活動にとっても非常に重要です。地域で数店舗を展開しているような中小企業が専門学校生に自社の存在をアピールするには格好の機会です。

ほとんどが講堂や大教室を会場にして参加企業がブースを構え、生徒が関心を持ったブースを訪ねる、というスタイルをとります。各社とも大体1回につき20分くらいのプログラムを用意し、ブースに立ち寄った生徒を相手に2～3人単位で自社紹介をするという取り組みになります。

しかし、よくある失敗としては、もっぱら自社紹介に力を入れ、パンフレットに書いてある内容を繰り返すことが多く挙げられます。生徒側から見れば、パンフレットで分かることを話されても、有益な情報にはなりません。卒業を控えた生徒は、何度も同じような説明を聞いているということが考えられます。そのため、何が違うのか正直よく分からないのです。

そもそも企業説明会に参加する企業のゴールは、自社の一般的な紹介ではありません。それはホームページなど日常的な広報活動でカバーできることです。私は企業説明会のゴールは「採用の次のステップである店舗見学会に来てもらうこと」と位置づけています。

どの企業も同じだと思いますが、合同企業説明会で就職者が決まるということはありません。必ず次のステップが必要です。正式採用に至るまでには、まだ何ステップかが必要になります。そこから逆算して、合同企業説明会の目標を決め、取り組み方を工夫すべきです。

私たちの会社では、合同企業説明会→店舗見学会→面接（複数回の場合もあり）→採用決定、というステップを踏みます。そのため企業説明会では採用したいと思う有望な人を発掘し、確実に店舗見学に来てもらうことが目標です。

それを実現するためには、こちらから一方的に会社紹介を行うよりは、まずは質問をして、相手の話を聞くことから始めます。名前や出身地、どんな治療家になりたいのか、なぜ自社のブースに来てくれたのかといったことです。ただし、個人情報を知りたいのだなと思われることは警戒心を生みその後の会話も弾みません。また、学校によっては生徒が強引な勧誘に遭うことを警戒して「個人情報は取らないでほしい」という要望が出ることもあります。いずれにしても、ここは見学会へのステップですから、生徒にとって価値のある時間にすること、興味を引きつけてもう少し詳しくこの会社のことが知りたいと思ってもらうことが目標になります。

そのため、相手がまだ知らないであろう業界の現状や未来の話、資格取得後はこんな活躍の道もあるといった紹介、自社ではこんな成長ができてこんな先輩がいる、次に店舗見学に来ればこんな体験ができる、といった話をします。逆に、自社のスタッフとして雇用するのは難しそうだと感じた生徒——例えば条件面や福利厚生のことばかりに関心が向いているとか、自社の求めるコミュニケーションのレベルに届かなそうだと感じるような生徒――については、私たちの会社とは縁がなさそうだということをさりげなく伝えて、その方に合った就職先を紹介することもあります。せっかく来てもらっても採用する可能性が極めて低い場合は、その時間がお互いにとって無駄になってしまうからです。逆に、ぜひ見学に来てほしい人（採用したい人）には、実際の店舗の雰囲気が分かり、先輩ともフリーに話せる機会があること、また、あなたが1年間働いたらこんな施術ができるようになるということ、実際に施術を受けて実感できる施術体験があることなど、行ってみたいと思う内容を伝えます。さらに、見学に来るときの問い合わせや簡単な申込方法も案内して、見学へのハードルをできるだけ下げるようにします。

先生に気に入ってもらうことも重要

企業説明会に臨むときには、先生方とのコミュニケーションも大切です。

生徒たちとは1回だけの接触ですが、先生方とは事前の打ち合わせや当日など、何度か接触の機会があります。私はむしろ積極的に接触の機会を増やして自社の理解を促し「いい治療院だ」と思ってもらうように心がけています。その先生が生徒の就職相談に乗るような機会に「あそこはいいと思う」と積極的に推薦してもらえるような関係をつくっておくことは重要です。実際に卒業生を採用したときには、入社後の活躍ぶりを折に触れて報告したり、本人を伴って挨拶に行ったり、できるだけ接触する機会を増やして、先生にも「いいところに就職させることができた」と思ってもらえば、さまざまな機会に側面援助をしてもらうこともできます。採用するのは生徒ですが、先生を味方につけていくことは重要なポイントです。

また最近は、生徒の両親の意向が会社選びに反映することが少なくありません。子どもの将来を気に掛け、積極的に介入してきます。子どもが中小企業を選びそうなときなど、大手のほうがよいというアドバイスをすることが少なくありません。親の大手志向のアドバイスに負けない魅力をアピールすることが重要です。企業説明会で手渡す会社案内は、生徒が持ち帰って両親が見るということも念頭に、経営がしっかりしていて将来性もあり、自分の子どもと同世代の若者がいきいきと働いているということが伝わるようなビジュアルや編集を心がけることも大切です。場合によっては、ご両親へのメッセージといったコンテンツを用意してもいいと思います。先生に相談が持ち込まれるときもあるので、この場合も先生の支持があれば大きな力になります。

見学会は事実上の一次面接として行う

企業説明会を経て一定のふるいに掛けて実施する店舗見学会は、誰でも来てもらうものではなく、採用につなげるために実施するものであり、私の中では一次面接に近い位置づけです。見学会といっても、基本的に一対一で実施し、店舗側で対応するのは経営者である私です。

見学会の内容を密度の濃いものにするために、私たちの会社の場合は、まずヒアリングシートへの記入をお願いしています。質問は「どういう希望を持って見学会に参加したか」「聞いておきたい、見ておきたいポイント」「どういう職場で働きたいか――理想の職場像」「就職や業界について不安に思っていることがあれば」「治療家として成長する以外の夢や希望があるか」「給料、福利厚生、残業時間、年間休日、技術習得、通勤時間……などの中で就職先を探すにあたって大切にしていること3つ」といったもので、10分くらいで記入できる簡単なものです。名前や住所、生年月日も記入してもらいます。

参加者は単なる見学だと思って来るので、あらかじめ答えを用意している人はいません。それだけに本音に近いものを聞くことができます。このヒアリングシートに沿って話し、さらに店舗スタッフとお客様のやりとりも実際に見てもらいます。そのうえで入社後1年程度のスタッフによる施術を受けてもらい、「あなたも1年後くらいにはここまでできるようになる」ということを体感してもらいます。今は、開業志望よりも、働きやすい職場で長く働きたいとか、自分のスキルを上げていきたいという若い人が増えているので、自分がどう成長できるのか、そのイメージを伝えることは重要です。特に柔整師資格を持っていても、実際の整骨院や整体院の施術現場で習った骨折や脱臼の整復などの技術を使うことはほとんどないので、本人はどういうことができるようになるのか、イメージが湧いていません。「あなたも1年後にはここまでできる」というイメージを伝えることは、入社を大きく後押しする体験になります。

年齢の近いスタッフと話し合う機会もつくる

見学会ではスタッフとのフリートークの時間も必ず取ります。私のような経営者や院長などの経営幹部と話すだけでは、働くうえでの細かなことや不安などを解消することができません。立場の近いまだ勤務歴の浅いスタッフと話してもらうことがいちばんです。誰と話してもらうかは、見学者の応対をしながら、いちばんふさわしいと思われるスタッフを頭の中で選んで引き合わせます。誰でもいいから手の空いている人間でと考えがちですが、見学者がいちばん話しやすい人間を選ぶようにします。また、直接会話をする役割は持たなくても、スタッフ全員が見学者を明るく迎えることは大切です。入社したスタッフに、決め手になったものをあとで尋ねると「スタッフの皆さんがそろって笑顔で働いていて、私にも笑顔で挨拶してくれたのがうれしかったから」という回答がよくあります。スタッフにも「見学者が来たときの皆さんの対応次第で、働きたいと感じるか、やめておこうと思うか気持ちが左右されることがある。笑顔で迎えよう」と話しています。

私がこの見学会のゴールとして設定しているのは、面接を受けたいという希望を出してもらうことです。つまり、会社としては採用の最終ステップへと進め、見学者を採用したいということです。逆にいえば、見学会の当初の段階で、私たちの会社には合わないと思ったときには、30分程度で早めに終わることもあります。「私たちの会社はこういう方針で運営し、こういう未来を考えているので、あなたが望む働き方をするのはうちでは難しいかもしれない」ということを感じてもらうようにします。もちろん、見学会に来てくれたことが本人にとってプラスの経験になるように、いろいろな情報提供をしたり時にはアドバイスをしたりして、その後の就職活動に役立ててもらうようにしています。

実は見学会の受け付けはメールで受け取ることが多いのですが、こちらからの折り返しは電話で本人と直接話すようにしています。電話で話したときの相手の応対や言葉遣いなどから得る印象はかなり正確で、こういう人だろうな、というこちらの想像とほぼ一致します。

採用は投資です。説明会→見学会→面接の流れを頭におき、どの段階で何をゴールに、どのようなコミュニケーションをとるのか、そのためにどういう準備をすべきか、しっかり計画しておくことが必要です。人が足りなくなって慌てて取り組む採用では、会社の方針に合った人材を確保することができず、多店舗展開を支えていくチームづくりにはつながりません。

入社前から始まっている人材育成

採用で考えておきたいことの一つに、入社後の育成や教育は、採用活動の過程でもう始まっているということがあります。入社後に始めるのではなく、会社にとって最適な人をつくり上げながら獲得するということです。つまり、あらかじめ自社の価値観にマッチする人材を採用するということです。

日本経済新聞社がまとめた2023年度の新卒者の採用計画調査（2023年4月19日付記事）によれば、採用計画に占める中途採用の比率は過去最高の37・6％となっています。2016年度からの7年で2倍に上昇しており、中途採用は急速に増えています。他方で、転職希望者数は2023年に1007万人となり、2013年の806万人から毎年上昇し、初めて1000万人を突破しています（「労働力調査」2023年、総務省統計局）。それだけ労働市場の流動化が大きくなっています。

さらに整骨院の業界を見ると、柔整師の合格者数は大きく減っており、2022年度で2244人でした。1992年度の第1回試験の合格者数が963人で、その後毎年増加し、2009年度には5570人まで増えました。しかしその後は前年を下回ることが多くなり、2000人台になるのは20年ぶりです（中央接骨師会まとめ）。

一時期、急速に出店が増えた整骨院も、近年店舗数は横ばいの状況ですが、少ない資格者を多くの店舗が取り合うという構図が生まれています。大手企業が、1社で100人など、新規の柔整師資格者の8割を採用し、残りの2割を、中小企業が奪い合っている構図だといわれているのです。その点でも、自社に定着して長く働いてくれる人を丁寧に見つけて採用することがますます重要になっています。

この点は小規模で資格者を雇用しながら店舗経営をする労働集約型の事業でも事情は変わらないと思います。3Kのイメージが強いこうした業界は、そもそも入る人が減少する傾向にあり、また独立開業より大手チェーン店の安定した経営やしっかりとした福利厚生のもとで働きたいという人が増えています。

理念への共感、成長の道筋が見えること、労働条件への納得、職場の雰囲気への評価などを採用の過程でつくり上げ、説明会から見学、見学から面接へと歩を進めるたびにこの会社で働きたいという意欲を高めてもらうことが必要です。

また、多店舗展開をするためには、各店舗で受付を任せるスタッフが必要になることもあります。受付は単なる窓口ではありません。慢性の痛みに悩み苦しんでいる人をホスピタリティの心で明るく迎えることは、治療の第一歩でもあり、気持ちよく通ってもらうことにも通じます。特に今、整骨院や整体院は、マッサージや矯正などによって体のバランスを整え慢性化した痛みを取り除く施術をするだけでなく、姿勢や生活習慣の改善、運動の仕方、食事の摂り方、さらには美容も含めて、痛みの治療だけでなく健康全般に関する総合的なアドバイスを提供する場所になろうとしています。その意味では、手技にたけたスタッフだけでなく、健康・栄養・美容に関するさまざまなアドバイスができる資格者や知識の豊富なスタッフも欠かせない存在であり、受付の業務をしながらこうした役割を担うメンバーとして自分を成長させていくという道もあります。今後は、そうしたスキルを持ったスタッフの存在が大切になります。

採用活動の中では、柔整師や鍼灸師の資格者、マッサージの技術を備えた人材だけでなく、受付やアドバイザーとしての適性があり、またそうなりたいという意欲のある人がいれば、採用して店舗業務の中で育てていくということも考えることができます。

私たち小規模事業者は、採用活動に大きな資金や人を投入することはできません。どういう店舗にしていくのか、その将来像も考えながら、出会いから採用までのプロセスを丁寧に考え、無駄をなくし、一歩一歩信頼関係を高めながら、しっかりと定着してくれる人材、将来の柱になって活躍してくれる人材を獲得することが重要です。

［第3章］

多店舗展開を成功に導く人材育成「スタッフファースト」にこだわり、キャリアパスを明確にする

スタッフファーストを貫く

経営者に必要なのは、まず採用した新人社員の育成に臨む自分のマインドをしっかりと固めることです。私はスタッフファーストを心構えとしています。

往々にして経営者は経営者ファーストになりがちです。売上と利益を拡大するために早く一人前の戦力になってほしい――新入社員を前に、そう思う人は多いと思います。私自身、開業したばかりで経営者として今より未熟だった頃はそう思っていたために、時には社員に対してイライラしていました。口には出さないまでも「あなたの一分一秒に私はお金を払っている。ぼーっとされては困る」と感じていたのです。当時を知る社員からも「あの頃の社長は、なんかとげとげしかった」と言われます。

しかし、入社間もないスタッフが短期間の研修と渡されたマニュアルで、すぐに戦力になるはずはありません。経営者も新人時代があり、下積み時代があったはずです。それを忘れて、できるようになった今の自分の高みから、できて当たり前と思ってしまう。1人当たりいくらの売上という自分のはじいた数字に縛られているともいえます。経営者ファーストなのです。しかも、経営者がこういうことでイライラしたら、店内の空気は重くなり、どんなに大きな声で挨拶をしても、硬い空気はお客様に伝わります。スタッフも経営者の顔色を気にして落ち着かず、まして、技術や接遇を学び、成長していくことはとてもできません。

私は自分に子どもができたときに、スタッフに対する関わり方と子どもに対する関わり方には、非常に似たものがあると気づきました。別に子どもを持たなければ分からないという意味ではありません。私の場合はそこでようやく気づくことができたということです。

子どもが親の言ったとおりに一度でできることなどありません。しかし、だからといってすぐにイライラしたり怒ったりする親もいないはずです。経営者は新入社員に「この前言ったよね」「そんなこと当たり前でしょ」という言い方をしがちですが、子どもに教えることを考えれば、それが〝無理筋〟だということはすぐに分かります。初めはできなくて当たり前、できなくても根気よく教える、できたら褒める、それが教育の基本です。

スタッフが一歩一歩階段を上るようにして着実に成長していくために、会社は何ができるのか、あくまでもスタッフの視点で考えることが必要です。何が不安で、何が分からないのか、それを解決するために、どういう訓練や仕組みづくりが必要なのか、その工夫が経営者の仕事です。

教えたことができるようになり、成長が目に見えたら親はうれしいですし、同じように、新入社員の成長もうれしいものです。目の前で、一人の人間が成長していく姿を見ることほど、うれしいことはありません。しかも、彼らの成長は、結果として会社に豊かさまでもたらしてくれるのです。スタッフの成長こそ、すべてに優先します。目の前の利益を追いかけるあまり、できないことにイライラして、スタッフが成長するための時間の捻出や投資に消極的になったら、会社の成長も止まります。

多店舗展開は多くのスタッフと店長とマネージャーを必要とします。しかも多店舗であるが故に経営者は彼らの仕事ぶりを常に目の前で見て、細かく指導することができません。スタッフが経営者の思いと自分の目標と重ね合わせながら、自律して学んでいける仕組みが必要です。

人材育成は多店舗展開を可能にする経営の最重要課題であり、スタッフを育て、店長を育て、さらに各店舗の運営をマネジメントするマネージャーを育てていくというマインドと仕組みが重要だと思います。

「来てくれてありがとう」から始める

私の人材育成の第一歩はスタッフへの感謝の心を持つことから始まります。

入社初日、私は新入社員に向かって「私たちの会社に来てくれてありがとう」という言葉で始めます。ほかにもたくさんの選択肢と可能性を持っていた新入社員が、これから人生の多くの時間をここで過ごし、経営者一人ではできない事業を一緒にやっていこうとしてくれていることには感謝しかありません。「来てくれてありがとう。あなたたちが成長し、目標を実現して豊かな人生を手にすることができるように、会社は精いっぱい応援していく。一緒に頑張ろう」と言えるかどうか、私はここに入社後の人材育成の成否がかかっていると思います。

もちろんスタッフが将来どうなりたいか、それは各自が決めることです。しかし会社でどんなキャリアが積めるのかということについては、会社で用意できるものがあります。

スタッフが目指すものと会社が期待するものをできるだけマッチさせ、さらに仕事以外のことで夢や目標があるなら、会社としてはそれも応援したいと思います。単なる雇用関係のみで、ほかはプライベートとして切り離してしまったら、本当の意味でキャリアの支援もできません。経営者としてスタッフの人生を応援しようというマインドを持つことが、人材育成の第一歩だと思います。

1店舗ではなく、多店舗で展開することになれば、新入社員をずっと自店舗内において細かく指導することはできません。多店舗展開をする以上、自分の目が届かないところでも、本人がしっかりと学んでいける力をつけ、その環境を用意することが必要です。また、開業志向は弱くても、成長していきたいという意欲を持っている新入社員は少なくありません。一人でも主体的に学んでいける人材に育てることが多店舗展開をするうえでは大切であり、それができれば、さらに店舗を拡大する可能性を手に入れることもできます。私たちの会社でも、新入社員の育成は、まずオフジョブトレーニングで、学ぶ方法を学ぶことから始めています。新入社員はこれからさまざまなことを一つひとつ学ぶ行程に入っていくので、まずいかに学ぶのか、その学び方を教えます。

人の話を聞くときはメモを取ること、相手の目を見て話を聞き、理解できたらしっかりうなずくこと、何が学べたか、必ず振り返って書きとめることなどを伝えます。いい学び方をしているかどうか、コミュニケーションのとり方がうまいかどうかで、周囲から得るものは大きくなり、同じことを耳にしても自分の中に定着できるかどうかは違ってきます。もちろん一度言ったことがきちんと頭に残る学習法を身につけてもらえば、教える側の効率も上がります。

学びを豊かにするために新入社員に頭に入れておいてもらいたいことは、ほかにもいろいろあります。例えばその一つは、質ではなくスピードを大事にするということです。人は逆に考えがちです。「自分は知識もなく、経験も浅い。だから時間をかけて、じっくり調べ、考えたうえで、納得のいくものを出そう」とします。しかし、「未熟だからじっくり時間をかける」という考え方は、かえって学びを遅らせてしまう懸念があります。

そもそも未熟であれば多少の時間をかけたところで充実した成果物を生むことはできません。そうであるなら、手元で時間を使うよりも、早く出してそのフィードバックをもらい、それを改善していくほうがいいものができます。

もう一つ、学びを始めるにあたって念頭におくべきことは、まわりと比較するのではなく、昨日の自分と比較するということです。

社会に出れば周囲には学生時代とはまったく異なり、年齢も能力も考え方も、将来の計画も異なるさまざまな人に出会います。自分では想像もしなかった高い能力の持ち主や、まねできない努力家など、学生時代の同質な仲間うちにはいなかったさまざまな人に出会い、一緒に仕事をしていくことになります。なぜ自分はなかなか覚えられないのか……と考え込んでしまうような現実に直面することもあります。しかし、まわりと比較しても、自分をどう成長させていくか、その道筋は見えてきません。自分にとって大切なのは、昨日の自分と比べて自分が成長したといえるかどうか、です。意味のある比較対象は、過去の自分しかいません。

アウトプットで学習効果を高める

私が学びを考えるときに、特に大事だと思って伝えていることが2つあります。一つは人は忘れる生き物だということ、そしてもう一つがアウトプットが大事だということです。

誰でも自分を振り返れば気づくように、人は聞いたこと、読んだこともすぐ忘れるものです。人間の忘れやすさを、実験を基に数値化したのがドイツの心理学者、エビングハウスでした。「エビングハウスの忘却曲線」の名前で知られ、研修の効果を上げるヒントとしてよく使われています。

エビングハウスは、一度習ったことはあとに何度も復習を重ねることで記憶に定着しやすくなるということを「節約率」という言葉で表しました。節約率というのは一度記憶したことを再び完全に記憶するまでにどのくらいの時間が節約できたかを数値で示すものです。これは｛（最初に要した時間）－（覚え直すのに要した時間）｝÷（最初に要した時間）で求められます。例えば、ある英単語を最初に25分かけて覚えた人が、1時間後に復習することで次は15分で覚えることができたとします。すると節約率は、先の計算式から（25－15）÷25＝40％で、40％ということになります。復習したことにより、次は4割の時間を節約して覚えることができたということです。

エビングハウスは、実験により復習をするタイミング別の節約率を表のように明らかに

［図1］　エビングハウスが明らかにした時間と記憶の相関関係

記憶してから経過した時間	節約率
20 分	58%
60 分	44%
90 分	35%
1 日後	34%
2 日後	27%
6 日後	25%
31 日後	21%

出典：一般社団法人日本経営心理士協会 HP「経営心理学用語集」

［図2］　エビングハウスの忘却曲線

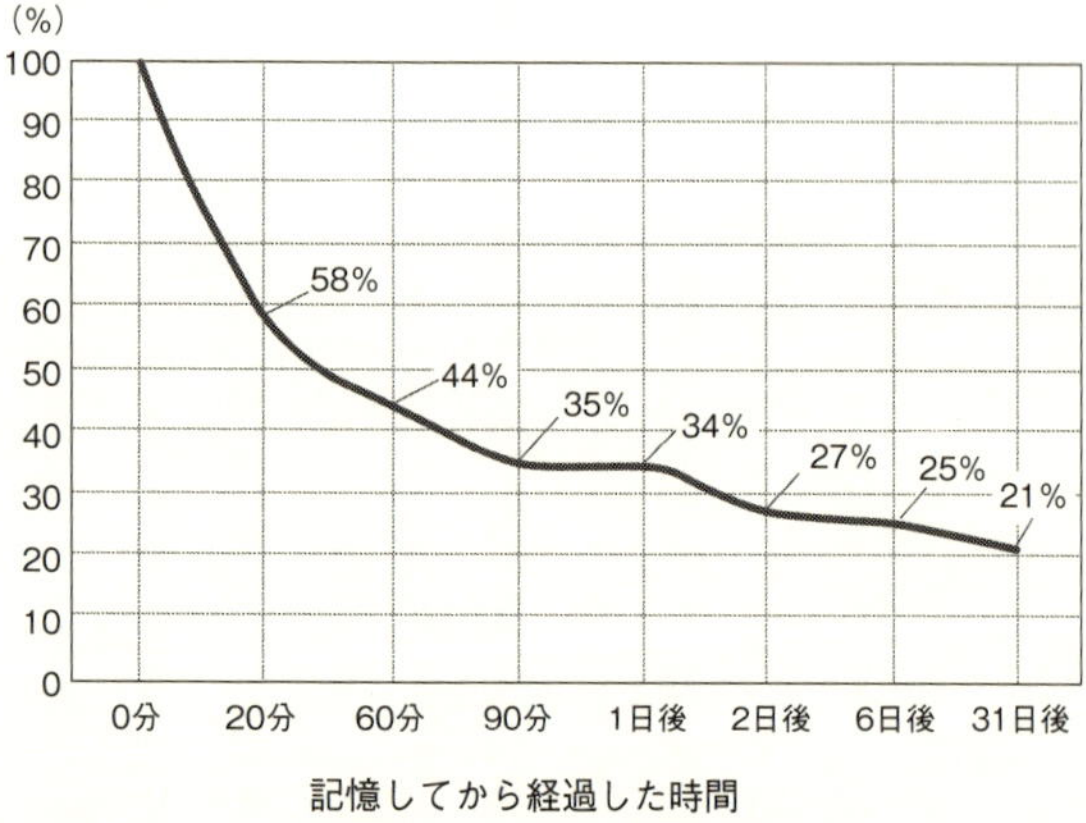

一般社団法人日本経営心理士協会 HP「経営心理学用語集」より作成

しました。
復習するまでの時間が空けば空くほど、節約率は低くなり、再び覚えるために大きな労力が必要になります。特に1日を過ぎてしまうと、節約率が大きく落ちることが分かります。

さらに学習で大事なことは、アウトプットです。ビジネスにおけるアウトプットは、経験や学習から得た学びを「話す」「書く」あるいは「発信する」など、具体的な行動として外に出すことを指します。例えば、調査をして収集した情報を報告書にまとめる場合、情報の収集はインプット、報告書の作成がアウトプットです。

アウトプットは一度頭に入れた情報を改めて自ら言語化することであり、そのプロセスを経ることでインプットしたことの理解度が深まり、記憶にも定着しやすくなります。アウトプットするためには、改めて情報を整理する、分かりやすい言葉に置き換える、あるいは違う視点から見てみる、といった作業が欠かせません。

アウトプットが学習にとって非常に効果的であることは、いわゆる「ラーニングピラミッド」でも明らかです。

［図３］　**ラーニングピラミッド**

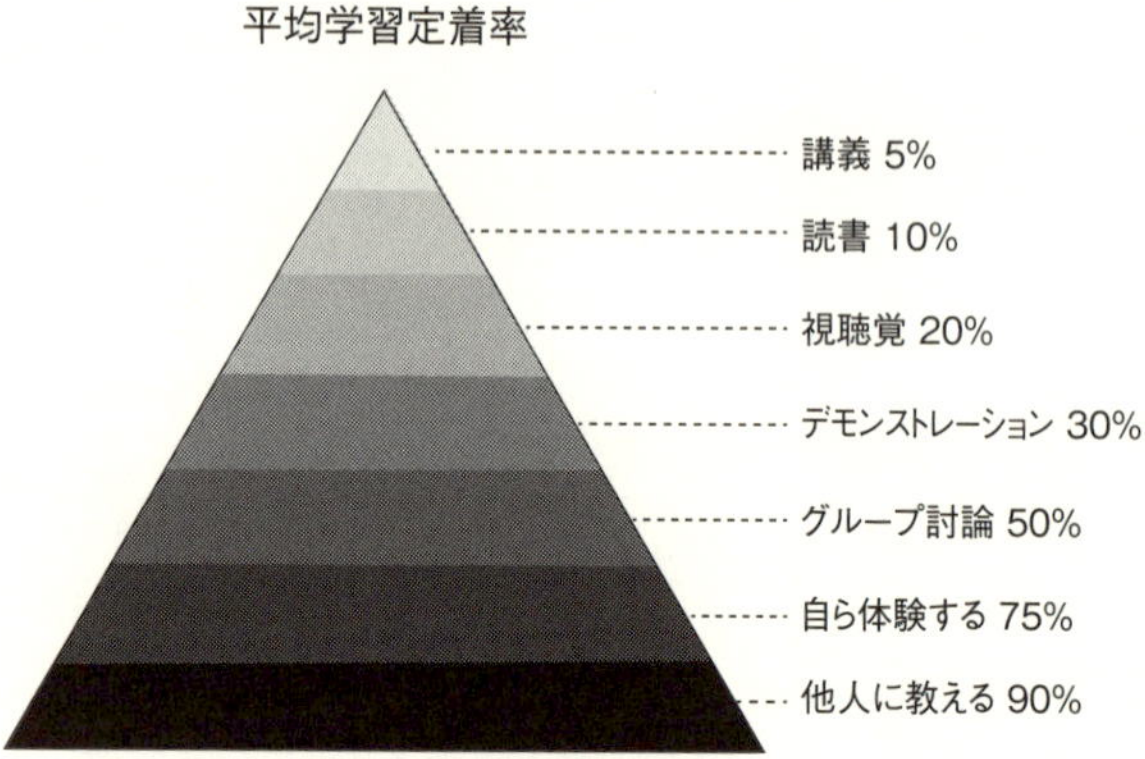

アメリカ国立訓練研究所「The Learning Pyramid」より作成

ラーニングピラミッドは教育界で長く語られているもので、そもそもいつ誰がどのような実験や理論を基に主張したものか、基礎となるデータは何かということについては明確になっていません。裏付けデータはないものの実感としては正しい、というのが大方の受け止め方です。一例として、大学などの教育機関でしばしば紹介されているアメリカ国立訓練研究所（ＮＴＬ）が発表したといわれる研究を紹介すれば、上の図のようになります。

　これによれば、ただ講義を聴くだけでは、定着率は５％にすぎません。読書や視聴覚、デモンストレーションまでは受動的に受け止め、インプットするだけの学習で、定着率は最大でも30％です。しかし、グループ討論で自ら発言しながら議論に加わったり、自ら体験したり（声に出す、言語化する）、さらに他人に教えるという「アクティブラーニング」と呼ばれるアウトプットをしていけば、定着率は50％以上に大きく伸びていくということが示されています。

私たちの会社で行っているアウトプットの典型的なものがあります。新入社員全員に義務づけているもので「1年間、出勤した日には毎日、いわゆる日報を書く」という決まりです。私たちの会社では日報とは呼ばず、そのものずばり「アウトプット」と呼んでいます。日報と呼ばないのは一般の会社で書く営業日報や業務日報とは、内容も目的もまったく異なるものだからです。

一般に日報と呼ばれるのは、上司が部下のその日の行動をチェックし、部下を管理するために書かせているものだと思います。上司は日報に目を通して、その日部下が何をしたのか、ちゃんと仕事をしているのか、どんな成果があったのか、何か問題はなかったかといったことをチェックします。しかしチェックを目的にした日報は、コミュニケーションを円滑にすることはできません。チェックされてもいいような作文になってしまうからです。

私たちの会社が求めているアウトプットは管理のためのツールという位置づけではありません。新入社員が一日を振り返り、その日どういう学びや気づきがあったかを書きとめるもので、最大の目的は、気づきや学びを自分で整理すること、整理したうえでそれを適切に文章化することです。それは気づくことの習慣化であり、気づきを言語化する練習です。あくまでも自分の成長のために、振り返る目と表現する力を養う訓練として行うものです。

記入は社内で使っているビジネスチャットツールを使います。新入社員はパソコンやモバイル端末から就業時間内に各自が入力します。内容は、その日何人に対してどのような内容の施術をしたか、新規のお客様と継続のお客様に施術した回数はどうだったかを数値で簡潔に記入します。そのうえで、メインの記述はその日気づいたことや行動を変えたことについて3つ選び、それぞれにタイトルをつけて文章にすることです。すぐ上の先輩をはじめほぼ全スタッフがグループに入っているので、メンバーはいつでも自由に閲覧し、コメントを入れることができます。

その日の気づきを3つ選ぶこと、内容をきちんと反映し、その先が読みたくなるようなタイトルをつけること、誰が読んでも分かりやすいように文章化すること――すべてが新入社員にとって大切な訓練です。一般に「自分は今日、どんな新しいことに気づいたり、学んだり、あるいは行動を変えようとしただろうか」と、毎日振り返る人はほとんどいません。またそれを人に読んでもらうきちんとした文章にまとめることを毎日必ずするということも、通常の生活ではありません。内容を凝縮し、かつ、人の心に残るようなまとめのタイトルを工夫するなどということも、言われなければ誰もしません。私たちの会社の新入社員は、それを毎日必ずやります。しかもそれを、自分の成長のために有意義なことと知って取り組んでいます。

このアウトプットについては、必ず上司が見てフィードバックするといったルールはありません。管理ツールではないので、それを義務化する必要はないのです。もちろんその新人が所属する店舗の院長や指導役の先輩は目を通していますし、店舗横断で業務を見ているマネージャーも見ています。大切な気づきだと共感できた人がコメントを入れたり、あるいは教えたことが違うととらえ方をされていると感じたり、その接遇はどうかと疑問を感じたりしたときには、誰かがコメントを入れることがあります。しかし、まず何よりも新人が自ら学ぶためのものです。実際、このアウトプットを毎日積み重ねることで、気づく力は圧倒的に高くなり、それをまとめる力もついているのが分かります。

新入社員が毎日書くアウトプットは、まず本人の気づきやアウトプットの力を高めるためのものです。しかしグループのメンバーは誰でも見ることができるので、働く店舗が異なっていても社員同士がお互いを知るツールになっています。特に新入社員にとっては同期入社の仲間の近況やお互いの頑張りを知るという横の関係を強めるものになっています。「いいこと書いているな。確かにそうだ」とか「私ももっと頑張らないと」といった感想が生まれ、書かれている内容への共感だけでなく、頑張っている仲間の姿が刺激材料になります。

また各店舗の院長も、院長として自店舗の新入社員にどんなコメントを入れているのかをお互いに知ることができます。それによって新入社員をどう育てていくか、院長としての関わり方を参考にして学ぶこともできます。

新入社員のアウトプットは1年間で終わります。2年目に入った初日からは書く義務はありませんが、1年の蓄積は各自の大きな財産になっています。2年目以降に伸び悩んでしまったときに、1年目はどんなことを考えていたかと自分のアウトプットを振り返り、それによって前に進む力を得たと振り返るスタッフもいました。1年書き続けたことが自分の財産になるのです。

社内のコミュニケーションをいかに豊かにするか

新入社員の育成のためには身近な相談役が必要です。配属先店舗の院長が指導の直接の担当者ですが、新人にとって院長はいわば管理者であり、気軽な相談相手にはなりません。新入社員の側からしても「こんな初歩的なことを聞いてはいけないのではないか」「怒られるのではないか」という不安を拭うことはできず、聞くべきことが聞けない、報告すべきことが報告できないということになりかねません。そこで必要なのは、遠慮なく相談できる兄貴分、姉貴分的な存在です。

私たちの会社では「ブラザー、シスター」と呼んでおり、配属先店舗の2~3年目スタッフの中の1人を新入社員の相談相手として指名しています。ビジネスの世界でメンターと呼ばれている先輩指導者よりはずっと緩やかなもので、教育の専任担当者でもありません。あくまでも身近な相談相手という位置づけです。技術や接遇の教育、指導は店舗全体、あるいは全社的に統一した方針とマニュアルで進めるべきもので、マネージャー、院長、先輩社員が計画的に取り組みます。そもそも2年目のスタッフに教育の大部分を任せることはできません。しかし、1年前は新人だったという存在は、新入社員にとって身近で安心できる、相談しやすい存在です。

私は彼らに「新入社員の成長のためにプライベートも含めて身近な相談役になってください」とお願いしています。そのためブラザー、シスターとしての業務を細かく決めることもしていません。逆に、ブラザー、シスターだから自分が責任を持って何もかもを教えなければと考えないようにしてもらっています。気持ちはありがたいのですが、その指導が新人の成長を遅らせてしまう可能性もあるからです。自分流に染めてもらっては困るし、当人たちもまだ2年目ですから分からないこともあるはずです。「そのことなら私も悩んだけれどこう解決した」とか「それは○○先生に聞いてみるといいよ」といった、経験に基づいたアドバイスをしてほしいというのが会社側の依頼です。

ブラザー、シスターの役割は1年間で終わりますが、ラーニングピラミッドにもあるように、教えるということは最大の学びの機会です。相談を受けたときに、相手はどこで悩んでいるのか、何を解決することが必要なのか、と相手の身になって考え適切なアドバイスをするという経験は、2年目スタッフの大きな成長の機会にもなっています。

社会人としての成長の源泉は、まず何よりも人間関係です。学生時代は本を読んで学ぶことが多かったかもしれません。もちろん社会人になってからも、技術や知識を書物から学ぶことはあります。しかし、最も大きな学びを与えてくれるのは、学生時代には接触することのなかった職場の同僚や先輩です。

生まれ育った場所も、家庭環境も、人生経験も、学んできたことも、さらには性格も目指すものも、すべて違います。年齢が大きく離れていることもあります。学生時代は狭い範囲での同好の集まりでしたが、社会人になれば、極論すれば、学生時代だったら避けたかもしれない人とすら一緒に毎日顔を合わせながら働くことになります。

そこで大切になるのが、相手をしっかりと理解し、合わないとか好きになれないと拒否するのではなく、まず受け入れ、相手を理解し、良いところを見つけて、豊かなコミュニケーションがとれるように努力することです。それができれば、社会人としての学びや成長を大きなものにすることができます。

しかし、まだ社会人経験のほとんどない新入社員や若手スタッフが、初めて出会うようなタイプの人間を理解し受け入れることは容易ではありません。助けが必要です。そのための格好のツールとして私たちの会社で活用しているものがあります。

先に人材採用に触れたところで、バースデイサイエンスや動物占いのことを紹介しましたが、スタッフ間のコミュニケーションをサポートするツールとして、より詳細なデータが取れるエマジェネティックスというツールを採用しています。これは人が日常的にどのように脳を使っているか、１００の質問に答えることで、その思考スタイルと行動特性を数値化してプロファイルとして作成するものです。能力を測るものではなく、その人の脳の使い方、特性を測定します。

血液型などで相性を論じることもありますが、エマジェネティックスは、統計データに基づき、より深く科学的にそれぞれのキャラクターを分析するものです。例えば思考スタイルは「分析型」「構造型」「社交型」「コンセプト型」という４つ、行動特性については「自己表現性」「自己主張性」「柔軟性」という３つの分野に分けて詳細なプロファイル

［図４］　４つの思考特性と３つの行動特性

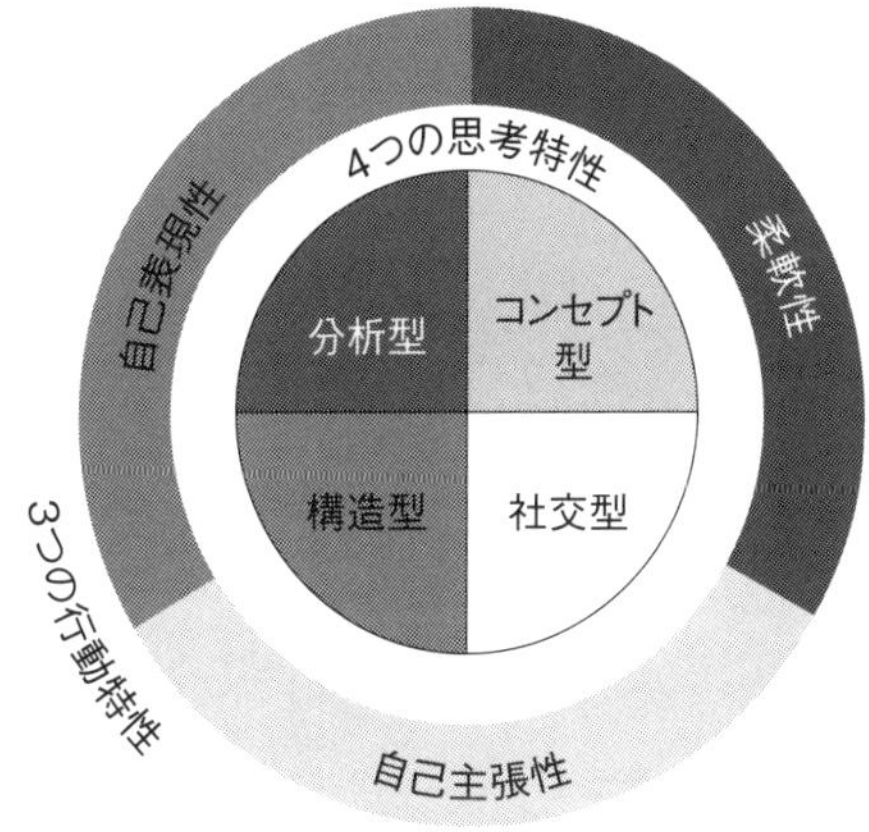

出典：エマジェネティックスインターナショナルジャパン HP

が作成されます。自分と相手のそれぞれの思考スタイルや行動特性が分かれば、何をどのように話せば理解が進むか、ということが予測できます。両者が自分の感覚や視点だけでいくら話しても、すれ違いは解消できず、その結果、あの人とは合わないと、もし関係そのものを閉ざすことになれば、当人の成長にとって、また組織の成長にとって大きなマイナスになります。自分とは異なる人だからこそ学ぶものは多いはずなのに、その機会を自分で閉ざしてしまうからです。私たちの会社では全員がエマジェネティックスの診断を受け、その結果得られたプロファイルをお互いに分かるように公開しています。それは、さまざまな違いを乗り越えてコミュニケーションを豊かにし、互いに学び合い成長していく可能性を大きくするために効果を発揮しています。

特に自分ならこういう説明が分かりやすいと思っても、相手にとっては分かりにくい説明になっていることは少なくありません。そのため相手の特性に合わせて伝え方も変えるという工夫も大切です。しかし、相手の特性を見極めることはある程度の経験が必要です。このようなツールを使えば、相手がどのようなコミュニケーションを好むのかまで見える化できるので、相手目線に立った相手に伝わりやすい説明ができるようになります。

環境整備で「徹底すること」と「気づく力」を養う

店舗を構え、お客様を相手に一対一でサービスを提供する事業者としての私たちにとって極めて重要になるのが、気づく力です。技術力はもちろん大事ですが、その前にお客様がどこで悩んでいるのか、何を解決したいと思っているのか、本人は自覚していないが悩みや痛みの原因になっているものはこれではないのか――といったことに気づき把握できなければ、たとえ優れた技術を持っていても見当外れの施術やサービスの提供になって、お客様の満足は得られません。満足が得られなければリピートもなく、施術を積み上げ効果を確認しながら長い目で治療をするということもできません。

慢性化し、なかなか取れない痛みがあるからこそ来院するので、原因を見極めて治療方針を立てて、しっかりと治していくことになります。そのため丁寧に観察し、原因に気づくことが最優先の重要な仕事です。

対面の接客サービス業であれば、業種はなんであれ必ず必要になることですが、まず求められるのが気づく力です。その強化は非常に重要で、人材育成の重要な柱は学ぶ力そのものであると同時に、気づく力です。新入社員の1年間のアウトプットも毎日の気づきを拾い出すという、気づく力を高めるための練習でした。

さらにそれを鍛える一助として、私たちの会社では環境整備活動を行っています。

環境整備活動というのは、半期に1回、全員参加で丸1日を使って実行計画を立て、さらにそれを1カ月ごとの計画に落とし込んだものに基づいて行う整理・整頓・清潔の活動を指すものです。店舗ごとに全員で行います。

これは単なる清掃活動ではありません。気づく力をはじめとして、計画を立てて実行し、その振り返りを行い、反省点を共有して次に活かすなど、仕事をするにあたってスタッフにぜひ身につけてほしい仕事のやり方や考え方を学んでもらうために細かく仕組み化した教育プログラムです。

整理・整頓を通じて仕事をやりやすくする環境をつくる

まず、整理、整頓を行います。これは仕事をやりやすくする環境を自ら考えてつくり上げることです。

整理は「ものを捨てる」ことです。店舗も年数を重ねれば不要なものが増えていきます。要らないものであるにもかかわらず、それがいつまでも置いてあるような状態では、良い仕事はできません。要るものと要らないものを明確にして、必要最低限のところまでものを捨てます。それをきちんと見極め実行することができるかどうかは、業務に取り組む姿勢を反省し学ぶことにつながり、仕事のムリやムダをなくすことにもつながります。

また整頓は、まずものの整頓です。ものの置き場所を決め、名前を明示し、向きを決めます。置き方は平行・水平・垂直・直角・直線にそろえることが原則です。整頓ができていなければ、ものを探したり取りに行ったりする無駄な時間が発生します。たとえ1回は数秒であっても、それが1カ月、1年と積み重なれば大変な時間になります。労働集約型で1対1のサービスを提供する私たちの仕事は、いかにお客様に向き合う時間を長く取れるかに事業の成否がかかっています。「作り置き」ができる業態ではありません。その意味でも整頓を徹底してムダな時間をなくすことは事業の根幹に関わる問題です。

日常の清掃とはまったく異なる教育プログラムとして環境整備を実施

整理、整頓に続いて行うのが清潔のための活動です。これはもちろん日々のトイレ掃除といった日常の掃除とは異なったものです。

清潔は2つに分かれ、1つはものの清潔、もう1つは仕事場の清潔です。ものの清潔はトイレ・玄関・受付・ベッドまわりを重点に、徹底して磨き込みます。

また、毎月の清潔のための活動とは別に、毎日15分、作業分担表に基づいて全員で行う清潔のための活動があります。目的はきれいにすることではありません。掃除という誰もが子どもの頃からやっていて、特別な訓練も道具もいらない力や技術に差の出にくい活動をツールにして、計画を立てることの重要さや難しさ、気づく力の大切さ、徹底するということのもつ意味、計画の振り返り、さらに正確な報告や共有など、事業を進める基礎的な事柄を、清潔にするという行動を通して学ぶためです。

1日15分、スタッフは作業分担表に沿って自分の担当の場所に向き合います。広い範囲であれば普通の掃除になってしまいますが、ごく狭い範囲がその日の作業の対象と決められています。普通の掃除なら5分もかからずに終わってしまうものばかりです。しかし、狭い範囲を磨き込むようにきれいにします。たとえば椅子一脚に15分かけることもあります。普通なら時間を持て余しますが、もっときれいにできるところはないか、見えないけれど汚れているところがあるのではないかと探し、椅子を逆さまにしたりして徹底してきれいにするのです。徹底したときに初めてそれまで見えなかったものやほかの人が見落としてしまうものが見えてきます。それが気づき力を養うことにつながります。

整理と整頓、そして清潔のための活動は、事業を進める基本的な力を養うと同時に、業務の基本的な流れを見直し、理解することにもつながり、これも人材育成の大きな力になっています。

各店舗の環境整備は1カ月に1回、社長点検を受けます。点検項目は20にも上る詳細なものです。各店舗では社長の点検に向け計画書に照らし合わせた報告書を作成し、環境整備を実施した場所のビフォーとアフターの写真も添付して、どう変わったのかがすぐに分かるように準備します。点検の前日には、社長のチェック項目と同じ項目を、自分たちでチェックします。この点検を前にした準備のプロセスも、日々の事業を推進するさまざまな力を養うことにつながります。

点検項目が分かっているのですから各店舗とも社長点検では満点になって当たり前と思われるかもしれません。しかし、実際に点検が行われて満点になることはむしろまれです。点検項目は同じでも、社長の視点は外部のもので、限りなくお客様に近いものであり、社内の目では気づかないものが多いのです。

ここにも学びがあります。スタッフとしての自分たちの視点と、社長、つまりお客様の視点はまったく異なるということです。そしていうまでもなく、接客の場所であり、気持ちよく過ごしていただくためにお客様の視点こそが最も重要です。そのトレーニングのために社長とともにチェックする側にまわるという機会も設けるようにしています。

社長の視点を学び、会社の経営計画について学ぶ機会とする

環境整備に関する毎月1回の点検日は、店舗から報告者が一人選ばれ、点検で私が指摘したことは報告者がまとめて店内のスタッフに周知するという役割を担います。点検への同行、さらに報告をどのように行うかということも、教育プログラムの一つになっています。

点検は1日かけて車で移動しながら全店舗を回るもので、ほかの店舗のスタッフ2人がローテーションを組み、毎回交代する形で私に同行します。点検の現場で「社長の目」を知ると同時に、移動中の車内は、私との対話の機会と位置づけています。そのためあらかじめ私への質問を用意してもらうことをルールにしています。経営計画に関する質問を3つ、それ以外の業務に関係する質問を3つ、さらにそれらと関係しない質問を3つ、合計で9つを用意してもらい、移動中の車内で私がそれに答えます。

経営計画についてスタッフがどんな感想や疑問をもっているのか、店舗内でどんな問題が出ているのか、それを私が知ると同時に、スタッフにとっては社長と直接対話する貴重

な機会です。多店舗展開をすれば当然ですが、全社的なイベントを除けば、私がスタッフと直接会って話をする機会はなかなか取れません。各院長が指導していますし、全店舗を見ているマネージャーもいます。何か問題が生じればそれをケアする体制はあるものの、社長としてもスタッフとのコミュニケーションは欠かせません。それは計画的に偏りなく積み上げていく必要があります。

直接のコミュニケーションが大事だと考えている経営者であっても、店舗に行ったときにできるだけ声を掛けるようにするとか、何かの件で直接話をする機会ができたときについでに近況を聞くとか、行き当たりばったりになってしまうケースが少なくありません。社長業が忙しくなれば雑談をする時間もなくなり、たまに時間が取れたときに「最近どう？　元気？」と目的もない立ち話をするとか、ちょっとお昼でも食べようかと誘う、というのでは、きちんとした対話になりません。また、偶然の機会を利用するだけでは、自分がよく顔を出す店舗のスタッフに偏ってしまうこともあります。また、それを見たスタッフが「社長は誰々を気に入ってえこひいきしている」といった印象を持たれてしまうことも考えられます。点検同行という形をとり、ローテーションで交代していけば、機会の不公平はなくなり、また対話の内容も、正式な質問としてあらかじめ準備してもらったものがきっかけになるので、しっかりとしたものになり、雑談にはなりません。

実際話してみると、もっと技術の向上を図りたいがその機会が少ないとか、実は待遇面で不満を感じているとか、あのときああ言われたが腑に落ちなかった、といったこちらが十分ケアできていると思い込んでいたことが、実はそうでもないという気づきになることも多くあります。経営者としてもスタッフとのコミュニケーションを充実させる重要な機会になっています。

多店舗展開をしながら人材育成を図るうえでは、社長がスタッフとの接点をどう維持し、どのように現場の声を吸い上げ、何を伝えるかということが重要であり、その意味でも環境整備点検同行を有効なツールとして活かしています。

経営計画書を作成、ルールブックとして使う

多店舗展開はそこで仕事をするスタッフにとって、直接大きなメリットが生まれるものではありません。全国に100も200も店舗があるような大手チェーンであれば、給与

をはじめとする福利厚生面での待遇の良さや経営についての安心感、大手企業に勤めているという充実感、さらには本社管理部門に進むという将来の選択肢の広がりなど、さまざまなメリットがありスタッフの期待も生まれます。しかし、地域密着で数店舗、せいぜい10店舗くらいの規模では、大手チェーンと同じような期待は生まれません。むしろ仕事がきつくなるのではないか、店舗を増やして経営は大丈夫なのか、自社の店舗間でお客様の取り合いになり、その結果、自店舗のお客様が減って自分の給与にも影響が出るのではないかなど、不安のほうが大きくなります。極端な場合は、経営者が利益に走って、スタッフは置き去りになっているという印象すら生んでしまいます。これでは、前向きに努力し成長していこうという意欲をそいでしまうことになりかねません。小規模での多店舗展開は、成長のために多店舗展開していこうという経営者の目標を、いかにスタッフが理解し、共有するかが大きな推進力になります。

私自身、2店舗目、3店舗目をオープンする頃は、自分がどういう目標を持っているのか、将来どのようになりたいのかという計画をスタッフに示すことができていませんでした。マネージャーとの間で1年、2年という短期の事業計画や資金計画を話し合うことはありましたが、そもそも会社として10年後、20年後にどういう姿になっていたいのか、理想とするゴールはどのようなもので、そのためにどういう戦略で経営を進めるのかという経営計画は立てたことがなかったのです。

さらなる店舗の拡大が、可能性として見えてきたとき、その力になってくれるスタッフや院長に、私のビジョンを示し、共感を得ることが必要だと思いました。社外の経営セミナーなどで出会う経営者の多くが、経営計画書は絶対に必要だとアドバイスをくれました。同じ一つの目標を持つことなしに、各自の成長も、その結果としての店舗拡大や会社の成長も実現できないからです。

そこで、すでに経営計画書を核にした組織づくりで成功している他社の取り組みも参考にしながら、経営理念の検討や自分がこの事業を通じて実現したい夢や会社の理想の姿について考えていきました。それに基づいた長期的な経営構想の立案、5年後までの中長期の経営計画、そして当面する1年間の経営目標やそれを実現するための具体的な方針などを検討しました。それを1冊の手帳にまとめ、社員一人ひとりに配りました。大判の手帳サイズで、120ページほどあります。この形も他社の例に学びました。毎年、期が改まるごとに改訂しています。

冒頭でまず経営理念と社名並びに社章の由来を紹介しています。私たちが何をミッションとしているのか、その実現を通して社会にどういう価値を提供するのか、そのためにどういう価値観のもとで仕事をするのかという、いわば私たちの〝北極星〟にあたる不動の目標です。

それに続いて、代表者としての私のメッセージを掲げ、その時点で私がスタッフに最も伝えたいと思っていることを2ページにわたって書いています。ここは1年ごとに、そのときの状況に合わせて大きく書き換える部分です。

そのあとには長期事業構想書を、やはり2ページで展開しています。「夢への挑戦の計画」という位置づけで、5年後にどうなっていたいかということを、「基本」「事業計画」「利益計画」「要員計画」「装置・設備計画」「資金計画」に分けて書いています。これについては客観的な情勢の変化と社長のビジョンの発展により絶えず前向きに書き換えられていくものであること、またこの構想はこのとおりにはいかない目標であり、むしろそれが重要で、目標と実績の差の意味するものを読み取って会社として誤りのない方向を見つけ出すことこそ重要だ、という注釈を入れています。スタッフにも単なる社長の夢ではなく、実現のために何が足りないのか、それを一人ひとりが自分事として考えてほしいという意図を込めています。

それ以降は、来期の経営目標を、売上高、粗利益額、人件費など、11項目について数値目標として1ページに端的にまとめ、そこからは目標実現のための「基本方針」「環境整備に関する方針」「お客様への正しい姿勢」「Q（品質)、S（接遇)、C（清潔）に関する方針」など、日常の活動についての細かな方針を、簡潔に箇条書きでまとめ、最後には用語解説もつけています。この部分は計画書の中でもかなりのボリュームを割いていますが、毎年内容が大きく変わるものではありません。日常の業務の中で、分からないことや迷うことがあった場合、このページをめくって、どうすればよいかを判断してもらう基準として活用されることを期待しています。

つまり経営計画書は理念や中長期の計画を示すだけでなく、会社の方針のもとで、常に正しい行動をとってもらうためのルールブックとしての役割もあります。ハンディサイズにしているのもそのためです。メモを書くための罫線《けいせん》だけを引いたページを10ページ以上用意するなど、常時携行して必要なときに見返したり大切だと思ったことを書きとめたりすることができるようにしています。スタッフは経営計画書さえ見れば会社のことがすべて分かるので、書かれていることと対話しながら主体的に業務に取り組めるようになります。

重要なことはスタッフ一人ひとりへの浸透

経営計画書で大切なことはつくって終わりにしないことです。いくら立派な経営計画書ができたと思っても、そのままでは満足しているのは経営者だけで、実際は誰も見てくれません。これは私が初めて経営計画書をつくった年の失敗談ですが、つくったらきっと皆が見てくれて活用してくれるだろうと思っていたもののそうはならず、内容もよく理解されないままお飾りのような存在になってしまいました。その経験から、スタッフに理解してもらい実践してもらうためには、経営計画書の活用について仕組み化することが必要だと感じました。

具体的には「せいりきTV」という形で手帳の内容を解説する動画を発信したり、毎日の朝礼時に各方針を読み合わせるようカレンダーに読み上げる日程まで記載するようにしたりしました。この読み合わせによって少なくとも年に数回は各項目を声に出して読み、さらに先に紹介したように、環境整備点検同行の際には経営計画書に関しての質問をする必要があるため、しっかりと目を通すことが必須になります。こうした複数の仕組みを組み合わせることで少しずつ内容の浸透が進み始めました。経営者の頭の中を言語化してスタッフに届けるためには、少なくとも数年はかかると思います。

また、数字で示す経営計画方針も、毎年しっかり時間をとってつくりかえることが大切です。「今年の計画は昨年と同じです」などと言っている経営者はスタッフから見ても不安ですし、もしその前年が計画通りにうまくいっていたとしても、時代も状況も変わる中で昨年と同じなどという現状維持を目指すような方針を示したら、会社は間違いなく衰退してしまいます。経営計画の内容も不要な項目は整理し、新たに必要だと感じた項目は追記し、表現

［図5］　経営計画書（手帳）

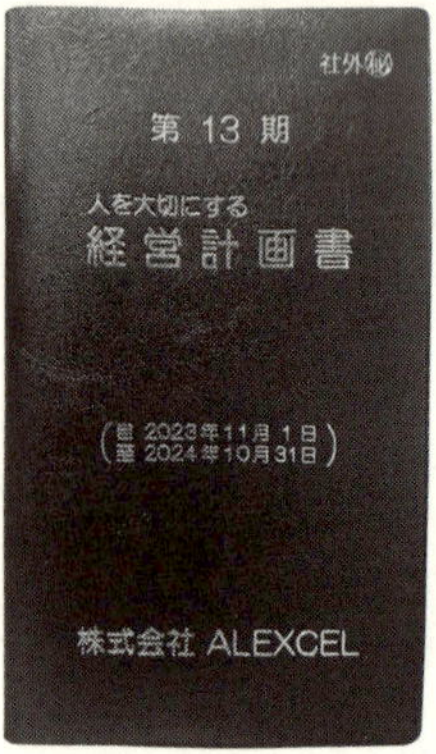

を変えたほうが伝わりやすいと感じた項目は変更するなど、毎年ブラッシュアップする必要があります。

経営計画の策定で人事評価も明確にできる

経営計画を明確にすることによって、スタッフの評価や表彰をどうするかということについても方針が見えてきました。評価や表彰はスタッフの育成にとって非常に重要な要素です。どういう判断や行動が評価されるのか、やるべきこと、やってはいけないことはなんなのか――それは会社の理念や目標によって決まります。ゴールが設定できたからこそ、そのためにどういう行動をとってほしいか、どういう人を評価するのかということが明確にできました。いろいろな賞を設け、それぞれ評価の仕方も明瞭にしました。具体的には、新人賞、優秀社員賞、社長賞、勤続表彰などです。さらに優秀幹部賞、カウンセリング賞、施術大賞、さらには変化賞という少し変わった名前の賞も追加で設けました。各賞の中には売上の数字に関係しないものも含まれています。変化賞はその典型です。私はこの賞の紹介と選出方法について「私たちは変化こそ成長と掲げています。その精神で、事象の変化や顧客の需要の変化、ライバル店の変化を見据えて挑戦し続けたのは誰でしょうか？　この人と思う人に投票してください」と書きました。売上数字はまったく関係がありません。数字として結果が出ていないものでも、現状を変えていくために会社にとって大切な取り組みであれば表彰にふさわしいものだと考えました。

院長を育てる

多店舗展開を成功させるための人材育成では、スタッフだけでなく新店舗を任せる院長（店長）を着実に育てていくことも欠かせません。院長にふさわしい人材がいなければ、スタッフの数にゆとりがあっても、新店舗の出店はできないからです。

院長の育成を考えたとき、まず明確にすべきなのは、施術において優れた技術を持つ人が必ずしも院長候補ではないということです。

これには私にも反省があります。自分自身も院長として活躍したり教育を受けたりした経験がなく、技術面での実力者を院長に抜擢《ばってき》したものの、院長としての教育を十分にしてあげられなかったことから期待したほどの成果が出なかったことがあったからです。施術が巧みで、接遇も優れていてお客様からの信頼も厚い、スタッフも一目おく存在である――当然そういう人が院長候補と考えていました。しかし、院長に求められるのは、自分の施術がどうかではなく、店舗全体として最大のパフォーマンスを発揮できる状態にすることができるかどうか、そのマネジメント力です。

院長の仕事は毎朝その日の来院予定者を見て、この人にはこのスタッフがふさわしい、この人にはこんな提案をしてみるといいのではないか、と検討することに始まります。また、スタッフ間の人間関係に問題は出ていないか、悩みを抱えているスタッフがいないかといった、各メンバーのパフォーマンスにも気を配り、改善が必要なら手を打たなければなりません。もちろん、自店舗の月間の売上目標や来院者数の目標、リピート率の推移などに注目しながら、目標達成に何が必要か、翌月の目標をどう修正し、いかに実現するか、店舗経営の一番の課題となるところに取り組んでいくことになります。

院長の育成は経営計画で店舗数の拡大の展望を示し、何年後に何人くらい院長が必要になる、ということを示すことから始まります。院長として店舗を運営したいと思っている人は、それを目標に頑張ってほしいと伝えています。

また、院長に仕事が集中しすぎないように、社内には店舗横断で設けたさまざまなプロジェクトチームがあります。例えば、環境整備に関するプロジェクトチーム、口コミ拡大を任務としたマーケティングチーム、さまざまなSNSの運営を管理するチーム、AIを活用した姿勢分析の導入検討プロジェクトチームなどがあります。課題に応じて随時組織していますが、院長以外の人にリーダーになってもらい、リーダーシップを学ぶ機会にしてほしいと思っています。また、将来院長を目指す人も、プロジェクトチームのリーダーを経験することが役に立つのではないかと考えています。

院長の活躍をオープンにする

ただし、院長としての力を100%備えたのを見て院長に指名するわけではありません。院長として完璧な力を備えたから院長になるのではなく、院長としてやっていけそうな人材だと分かったときに、新店舗出店のタイミングがあれば院長に指名します。

あらかじめ院長として完成されている人がいないように、院長になった途端に院長としてのスキルが上がる人もいません。院長という立場で実際に仕事をしたとき初めて、院長は何を判断しなければならないか、社長やマネージャー、他院の院長やスタッフとどういう関係をつくればいいのか、さまざまなことが課題として表れます。それに一つひとつ答えながら、少しずつ院長になっていくのだと思っています。

実際に、私たちの会社初の女性院長になったスタッフは、院長をやってみたいと対外的に宣言したことがきっかけとなり、それからおよそ半年後、勤続8年目で院長に就任しました。院長に名乗りを上げるのは大きなチャレンジだったと思います。本人はもう2年から3年それまで同様に一スタッフとして働くなら、結婚して職場を離れ家庭を持つという方向に進路を変えようと思っていたそうです。しかし、もし院長というチャレンジができるなら仕事に集中してもう一度やってみたいと考え、それが「もしチャンスをいただけるなら」という意思表明につながりました。私もその決断を応援したいと思い、新店舗オープンのタイミングで、従来店舗の院長の異動も行いながらこの女性に既存院の院長に就任してもらいました。宣言したことが本人の覚悟や研鑽《けんさん》につながり、また周囲の応援も引き出して、一歩ずつ院長になっていったのです。思い切って宣言できる環境のあることが、人を院長へと育てる力になるということを私自身改めて確認した出来事でした。

各店舗の院長は半年に1回、1泊2日で合宿を行います。1年間の全体方針は社長が提案しますが、その実践計画は店舗ごとに練られ、各院長を通じて各店舗に伝えられます。全体方針を共有し、それを店舗ごとに具体化するための院長合宿です。

院長合宿は店舗の営業時間中に、そこから足かけ2日間抜けることを前提に行います。私は院長に、留守中も各店舗でスタッフが営業を支えてくれているおかげで合宿ができるのだから、まずスタッフに感謝しようと伝えます。また、留守中の各店舗には合宿の様子を、真剣な討議やオフタイムの楽しそうな様子も含めて写真で共有します。「うちの院長が頑張っているな」「楽しそうだな。自分もいずれ院長になって合宿に行ってみたい」と思ってもらうことも院長合宿を公開する狙いです。院長はマネジメント側の人間ですが、完全にマネジメント一本の人というわけではありません。キャプテン、あるいは現場リーダー的な存在だといえると思います。小規模の店舗展開で必要なのは身近な現場リーダーとしての院長の存在であり、その活躍をオープンにすることは次の院長候補の養成にもつながります。

事実、女性で初めて院長になったスタッフの合宿時の姿を見た入社2年目の女性スタッフから「自分もいつか院長になりたい。先輩の女性院長を見てそう思った」という話がありました。この女性は今、社内のあるチームのリーダーになり、院長への道を歩き始めています。

ナンバー2を育てる

多店舗展開を支えるために欠かせないのは、目標を持ち向上心を持ったスタッフであり、それをまとめるキャプテンとしての院長であり、そして店舗横断でそれぞれの経営や店舗運営に目を配って社長との間をつなぐマネージャーの存在です。

2店舗かせいぜい3店舗まででであればマネージャー不在でも、社長が全店舗を見てなんとか運営していけるかもしれません。しかし3店舗を超え、4店舗以上になったら、マネージャーの存在は不可欠です。実際に施術スタッフとして動くことはなく、サービスを提供して稼ぐ人ではありません。複数店舗のマネージャーと院長の兼務もおすすめしません。また、全店舗に目を配る管理業務は負担も大きく、さまざまなスキルが必要になることから、給与は高くなります。その人件費を惜しみ、多少忙しくなっても社長が各院長を掌握しながら全店舗を見ればいい、と考える人がいるかもしれません。

しかし、こうした発想で多店舗展開に臨めば、グループとして成長することはできないと思います。一人でカバーできる範囲には限界があるだけでなく、そもそも社長とマネージャーは異なる役割を持った存在であり、マネージャー不在のままその業務を社長がカバーすることは無理があるからです。社長とマネージャーはそもそも担うべき仕事の領域が異なっているので、たとえフットワークの軽い社長でも兼務することはできません。

マネージャーは俗に〝右腕〟とか〝ナンバー2〟とも呼ばれますが、その任務は組織がきちんと回るようにオペレーションを円滑にすることです。アメリカの企業統治でいえばマネージャーはCOO（Chief Operating Officer）であり、最高業務執行責任者です。これに対して社長はCEO（Chief Executive Officer）、つまり最高経営責任者です。この違いは何千人というスタッフを抱える大企業でも、何十人規模の中小企業でも同じです。社長は経営者として、社会の中で自社がどういう役割を果たし、10年後、20年後にどういう存在になっていたいか、外に向かって、長いスパンで夢を語り、経営にあたります。これに対してマネージャーは、自社組織を見つめ、短期のスパンで業務をどう遂行していくかを考えます。社会ではなく組織内のスタッフ、長期ではなく短期、夢ではなくスタッフの日々の幸せや働きやすさを考えます。言い換えれば、夢を語らずにスタッフの毎日の充実だけを語る人に社長は務まらず、スタッフの毎日に思いをはせずに10年後の夢を語る人にもマネージャーは務まりません。どちらが偉いか、どちらが優秀かではなく、そもそも役割が異なるのです。

ＣＥＯとＣＯＯは入れ換え不能

ですから次期社長は副社長が昇格することはあっても、オペレーションの責任者であるＣＯＯが社長になることには無理があります。完全に違う役割に移行するという意識的な立場の転換があれば可能かもしれませんが、その転換は簡単ではないと思います。ＣＥＯとＣＯＯでは適性が異なるからです。ＣＥＯは理想を掲げてその先頭を突き進むタイプで社交家であり、自身が喝采を浴びることを志向します。しかしＣＯＯは現実を丁寧にコントロールし、集団のいちばん後ろで落伍《らくご》者がないか面倒を見るタイプで、内向的です。自身が称賛されるより、チームメンバーの成長や幸せな様子に喜びを感じる人です。簡単に役割を入れ替えることはできません。

右腕、ナンバー2と呼ぶと、「社長に次いで偉い人」という素朴な印象があります。しかしあえて「社長に次いで偉い人」を挙げればそれは副社長です。社長と副社長の本質的な役割は同じだからです。そのため次期社長は副社長になることで社長としての訓練を積むことが多いのです。

小規模の多店舗展開でも、必要なのは副社長としてのナンバー2ではなく、COOとしてのナンバー2、つまりマネージャーです。マネージャーがいることによって社長は、ミッションやビジョンに沿って、長期の経営計画を立てることができます。経営計画を立てるのは、社長だけの仕事です。もしそれにサポートが欲しいなら、経営コンサルタントを頼むべきであり、マネージャーに任せてつくるものではありません。

そしてマネージャーは社長が立てた経営計画を業務執行面からチェックし、実現可能なものにします。そのために最適な組織を構築し、オペレーションを組み立てます。もちろん、マネージャーは社長の〝下請け〟ではありません。作成に直接関与しないにしても、社長の理念と大きな構想を受け止め、長期の経営計画を理解し、自分もそれを実現したいと共感することが必要です。同じ目標を見なければサポートはできません。

このように、社長が社長業に安心して取り組むためには、社長の理念と戦略を理解したうえで現場のオペレーションに責任を持つマネージャーが欠かせないのです。

一緒に学び同じ目標に向かって、それぞれの役割を果たす

私たちの会社でも、現在の店舗経営にマネージャーの存在は欠かせません。3店舗目から、4店舗、5店舗へと順調に拡大できたのもマネージャーがマネージャーとしてしっかり役割を果たしてくれているからです。

実は2店舗目を出店した頃は、まだマネージャーという存在はなく、その後も、マネージャーとして正式に公募したというのではありませんでした。技術セミナーや経営セミナーに「一緒に行かないか？」と誘うと「ぜひ行きたい」と積極的なスタッフがいて、徐々にマネージャーのような役割を果たしてくれるようになり、その後、マネージャーとして正式に就任してもらったという経過です。実際の店舗経営の中で、それぞれが力を発揮できるような役割分担をするうちに、社長とマネージャーという役割が定着しました。

当初、本人は私たちの会社に技術者として入り、一スタッフとして活躍していました。技術もしっかりしていて、数年私たちの会社で技術や経営を学び、その後は独立して開業しようと思っていたそうです。外部セミナーに積極的に参加していたのも、そういう目標があったからでした。ほかのスタッフより私と過ごす時間が長くなり、セミナーの感想や今後の店舗経営、業界の将来など、いろいろなことを話すようになりました。

そうした時間を過ごす中で彼は先輩として新人を教える機会も多く持つようになり、それまでできなかったことができるようになって大きく成長していく部下の姿を見ることに充実感を得るようになったそうです。自分が経営者になり、リスクを背負いながら店舗経営するより、現在の部下の成長を助けて感謝される仕事にやりがいを感じるようになり、また、収入面でもある程度満足のいくものになっていたことから、マネージャーという立場で社長と各店舗やスタッフの間に立って会社の成長に貢献したいという気持ちを抱くようになりました。自分が得意で、楽しいと思える仕事を選んだらそれがマネージャーだったということです。私も、マネージャーを育てなければならないと構えたことは一度もなく、店舗運営の中で、安心して任せられると思う仕事を任せているうちに、彼が最も力を発揮できる仕事を発見したという経緯でした。

それが良かったのだと思います。マネージャーの存在は、組織を一定以上の大きさに育てていくためには欠かすことができません。しかし、小さな組織で外部から採用しても、なかなか溶け込めません。スタッフと間近に接し、その本音も引き出さなければならない役割ですから、やはり内部から育てることが理想だと思います。

一緒に仕事をしながら適性や関心のあるところなどをじっくり見たり、セミナーに誘って内容について話し合ったりする機会をつくりながら、マネージャーを任せられるかどうか、本人に現場から離れて、組織の面倒を見るような仕事に転身する意向があるかどうか、そこで充実感を得ながら仕事をしていけるかどうか、さらには、社長が思い描く未来の会社像に共感が持てるかどうか――そうしたことをお互いにじっくり見極めながら、マネージャーという存在を育てていくことが重要だと思います。

あるとき、まだマネージャーとして正式に仕事を依頼する前でしたが、彼から「もう少し社員に向かってどういうビジョンを持っているのか、これから会社をどうしていくのか、言葉で示してほしいです」と言われたことがありました。このとき私は、彼がいることで会社は成長していけると確信しました。「私のビジョンとスタッフ一人ひとりのかなえたい未来のつなぎ役は自分がする、だからとにかくビジョンを語ってくれ」というリクエストだったからです。社長とマネージャーというコンビで、この会社を良くしていくことができると思いました。

正式にマネージャーとしての仕事を依頼してからは、社外の経営セミナーや人材育成に関するセミナーなどには、基本的に一緒に参加するようにしています。社外の経営セミナーは非常に高額のものもあり、2人で出るとなれば参加費は2倍、往復の交通費を含めて相当大きな出費になります。私が一人で出て、あとで内容を伝える手もなくはありません。しかし一度私の頭を介したものでは、内容も感動も薄まってしまい、受け止めたものに差が出すぎてしまいます。参加費用を惜しんではいけないと思いました。現場で同じように感動し、それについて語り合い、それぞれが学んだものを私は理念や経営戦略に、彼は組織づくりや育成戦略に活かして、両面から組織を強くしていくことが私たちの仕事であると考えています。

経営計画に添って院長の育成を進める

多店舗展開を成功させるためには、それを担う人の育成が欠かせません。

人材育成は上から下へ、決まり事を伝えることではありません。自分の頭で考え、自分で判断できる力をつけてもらうことが育成です。そのためには、考え方や学び方を身につけてもらわなければなりません。

今就職を考えている20歳前後の若い人たちは、情報を集めることは巧みです。その反面、立ち止まってゼロから考えを組み立てていくことは苦手です。想像力を働かせたり、視点を変えたり、まったく逆の発想をしてみるといったことも得意ではありません。しかも生成AIが身近なツールになり、答えがすぐに手に入る状況がつくられているために、今まで以上に、考えなくていいという環境におかれています。

また、SNSのさまざまなツールが登場したことで、自分と同じ感性や考えの人間が簡単に見つかり、グループをつくることができるようになりました。いつも質が似た人間の輪の中にいることができるので、自分とは異なる考えの人との出会いが少なく、そうした人とのコミュニケーションを苦手にする人が増えています。

しかし、社会に出て働くということ、しかも手技による一対一のサービスを提供する仕事では、考えることや自分とは違うタイプの人とのコミュニケーションが苦手という人が活躍するのは、簡単なことではありません。常に一人ひとり異なる応用問題を、しかも接客し、会話をしながら一人で臨機応変に解くことが求められるからです。正解を教えるのではなく、正解の求め方を教えることこそ、本人が自力で学び続ける力を備えることであり、本当の育成につながります。それができる人間が育つことが、多店舗展開の可能性を拓くといえると思います。

院長候補が育たなければ新店舗のオープンはできません。そのためにもいつ新たな店舗を出すのか、毎年の経営計画書を作成する中でしっかりと検討し、それに基づいた計画的な院長育成が大切です。

［第４章］

多店舗展開を成功に導く職場の環境づくり

〝感謝と承認〟の社風で社内コミュニケーションを活性化させる

感謝と承認の雰囲気づくりが店舗展開を支える

人が育っていく組織とはどのようなものか、多店舗展開を支えるためには、各店舗に人がいきいきと育っていく環境がなければならないと思います。

ではそれはどういう場所なのか——私は「感謝と承認」の文化が根付いている空間だと考えています。

「いてくれてありがとう」——私はスタッフに対してそう思い、スタッフ同士もそう思っています。お客様はもちろん大切な存在ですが、それよりも毎日同じ場所に集まり、朝から晩まで、自分一人ではできないことを力を合わせて一緒にやっている仲間の存在はかけがえのないものです。お互いを思いやり、お互いの夢を知り、感謝の言葉を伝え合うことが、楽しく仕事をし、切磋琢磨《せっさたくま》しながら成長していける場所をつくることにつながります。

ありがとうをもっと言葉にする

感謝と承認の雰囲気づくりに最も有効なのは「ありがとう」という言葉を積極的に使うことです。もともと日本人は「ありがとう」を口にすることが下手です。「ありがとう」と言うべきところを「すみません」と言う人が圧倒的に多いのです。おそらく日本人の国民性から来るものだと思います。すみませんとは「済まない」の丁寧語です。何が済まないのか。それはこちらが依頼したことや、相手に対して行ったことによって相手が負った負債――面倒くさいとか、忙しいのに時間を使いたくないとか、心配したといった心理的なものから、なんらかの損害を被ったということまで――について、その負債が返済できていない、とても返済できるものではない、という気持ちを表現するものです。負担をかけっぱなしでお返しができていない、という心理を表現しているものです。うれしい気持ちをそのままストレートに表現するのではなく、相手の気持ちをおもんぱかって、あなたが私のためにしてくれた心遣いは、お返しできないほど大きなものであることを知っています、ということを表明してお礼に代えるのです。

個人や企業が公式に謝罪するときに決まって「ご心配、ご迷惑をおかけしました」というのと同じです。自分の行為そのものを間違っていました、申し訳ありませんとお詫《わ》びする代わりに、自分の行いが相手に引き起こしたであろうこと——迷惑と心配——について語るのです。

まず相手の心情、心境を推し量るというのが日本人らしさで、それは良い面に出ることも多いのですが、率直な感情表現にならないところは、もどかしさも感じます。感謝したいときは「すみません」ではなく、もっと直接的に「ありがとう」という言葉を口にしたほうが気持ちが伝わるし、相手もうれしいのではないか、私はそう思っています。そこで私たちの会社では、積極的にありがとうという言葉を口にすることを奨励しています。同じ感謝の言葉でも「どうもすみませんでした」と言われるより「どうもありがとう」と言われたほうが、ずっとうれしいものですし、横で誰かが「ありがとう」という明るい響きを持った言葉を発しているのを耳にするだけでも、気持ちが良く、心を温かくしてくれます。

月間1500枚以上が飛び交う「ありがとうコイン」

「ありがとう」の言葉がもっと飛び交うようにするにはどうすればいいか、いろいろ試しました。大きめのカードに感謝の気持ちを伝えたい人に向けたありがとうのメッセージを書く、個人のロッカーに貼るといったことを考える、イベントの折に個人宛てで寄せ書きのように感謝の言葉を贈るといったことなどです。どれも継続という意味ではなかなかうまくいかなかったのですが、その後、スマートフォンのアプリで、社内SNSのようにメッセージ付きの「ありがとうコイン」が簡単に贈れるものがあると知ってさっそく導入しました。当初、1日1コインは贈ろうと下限を決めていましたが、スタッフもありがとうの言葉をやりとりする気持ちの良さをすぐに理解してくれ、導入から1年足らずですっかり定着しました。

家族や親しい友人の間なら「ありがとう」は珍しくないかもしれません。しかし、社会人生活の中でありがとうというメッセージをもらうのはそれほど多くはありません。一日に一度も耳にしないということも珍しくないと思います。それだけに「ありがとう」という言葉をもらったときのうれしさは格別です。メッセージは何度も読み返したくなりますし、仕事上の失敗で意気消沈したときなどは、以前のものを読み返して元気を取り戻すこともあります。自分が誰かの役に立っている、自分がここにいることに価値があるということの確認ができるからです。

この「ありがとうコイン」はそれが集まったから何かに換えられるとか、人事評価が上がるといった仕組みは設けていません。そういうこともできるし、実際、取り組んでいる会社もあるようです。しかし、そうすると数を競う気持ちが生まれてしまう懸念がありまず。目的は競争をすることではなく、感謝の言葉を素直に口にする社内文化を創ることですから、評価や表彰につなげることはやめました。純粋に「うれしい贈り物」というだけにとどめています。それは本当に幸せな気持ちをくれるのです。そして、贈られてうれしいと思った人は、人にも贈ろうとします。相乗効果でコインの量はどんどん増えました。今ではスタッフ30人で、毎月1500枚以上のありがとうコインが飛び交っています。

新卒採用の企業説明会でも、手元のスマートフォンでうちの会社ではこんな「ありがとうコイン」の贈り合いをしていると紹介していますが、「良い雰囲気ですね」ととても好評です。

「ありがとうコイン」の数が増えていっただけではありません。これがきっかけになって相手を承認し感謝を伝えるということが、社内に文化として根付き始めました。ある年の院長合宿を前に、各店舗から院長に対して感謝のフォトブックをつくりたいと、スタッフが自発的に計画するということもありました。私が5店舗分を預かり、合宿の最後にスタッフからのメッセージを読み上げながら各院長に手渡しましたが、院長はこういうプレゼントがあるとは知らなかったので、中には涙を流して喜んだ院長もいました。

さわやかで弾んだ空気が理想の治療空間をつくる

積極的にありがとうの言葉を贈り合うという文化は、各店舗の雰囲気を明るいものにし、さわやかで弾んだ空気はお客様にも伝わります。院内の空気はマニュアルではつくれません。スタッフ一人ひとりの前向きな気持ちや心の充実、精神的な安定が自動的に反映するものだからです。

「あなたのお店、雰囲気が明るくて行くだけで元気になる」とうれしい言葉をいただくことが少なくありません。施術とは関係ないことだからどうでもよいかといえば、まったくそういうことはありません。施術というコンテンツの強さによってお客様を引きつけ、ファンになってもらうことはもちろんできます。しかし「あの店、なんかいいよね」「行くだけで元気がもらえる気がする」ということはとても大事なことだと思います。それは施術効果を大きく高め、治癒率を上げる効果があるからです。理由は2つあります。1つ目は施術を受ける人の心理状態です。気に入った場所ですから余計な力は入りません。心も体もリラックスできます。力を抜き、不安や警戒心がない状態で施術者に完全に身を任せることができます。これほど施術の効果を高める状態はありません。2つ目は、気持ちがいい場所だから通いたくなる、ということです。急性期でその場の痛みを取る治療とは異なり、慢性化した症状を根本原因から改善していく私たちの治療にはある程度時間がかかります。1回での変化とか、その場ですぐに楽になるといったことを追い求めているわけではありません。原因によっては姿勢そのものの矯正や食生活の改善が必要であり、それは過去何十年という習慣でつくられたものを修正していく根気のいる作業です。1回や2回の施術で大きな変化が出ることはあっても劇的に治る魔法のようなものではありません。通っていただくことは、売上の拡大につながるから歓迎なのではありません。長期計画に沿った施術が可能になり、慢性化した痛みや症状を改善して健康に導くという目的のために必要だからです。「ありがとう」が飛び交う職場づくりは、お客様のための理想的な空間づくりにもつながります。

「ありがとうコイン」が5店舗をつなぐ

多店舗展開をすると、スタッフは店舗に分かれて仕事をして、別店舗のスタッフと毎日顔を合わせることはありません。事業展開も店舗単位ですから店舗間には壁ができがちです。特に私たち日本人は「うちとそと」を区別し、「うち」を大切にする傾向を強く持っています。外が入らないように壁を立て、組織内の人間関係を強く結ぶところがあるのです。組織やグループができると、すぐに比較や競い合いが始まります。同様に、複数の店舗ができると、無意識のうちに店舗間の競い合いのような雰囲気ができてしまうのです。人を交流させたり合同のイベントを頻繁に開いたりすることは無用の競い合いを防ぐ一つの手ですが、地域密着の店舗運営ではスタッフを頻繁に入れ替えることはできません。また、サービス業ですから全店一斉休業のイベントを頻繁に開くわけにもいきません。

そのとき「ありがとうコイン」による交流は店舗の枠を取り払う大きな力を発揮します。研修やイベント、プロジェクトチームの打ち合わせなどで店舗を越えて会う機会があるので、そこでの出会いや共同作業などを振り返って「ありがとうコイン」が飛び交うことが少なくないのです。コインの形をしたこのメッセージは、実際は各店舗に分かれていてもスタッフが同じ空間を仮想的に共有しながら交流する場所になっています。誰がどの店に所属しているか、コインを贈り合うスマホの空間内ではその区別はまったく存在しません。多店舗展開では、こうした店舗を越えた交流空間の存在が重要であり、会社としての一体感をつくる意味で大きな価値を持っています。

活発なコミュニケーションが豊かな環境をつくる

「今日もみんな元気に出社してくれてありがとう」「あなたがいるからこれができる」「あなたがそれをできるようになったのは素晴らしい。頑張ったんだね」……承認と感謝のメッセージは、相手に「もっと頑張ろう」という前向きな気持ちと力を与え、その相乗効果で組織の成長を促します。

私たちの会社では「ありがとうコイン」以外にも、承認と感謝の表現を、いろいろ工夫しています。例えば院内での意見発表の機会に、スタッフが報告したり発言したりしたあとは必ず全員が拍手し、一斉にサムアップして「いいね！」と声に出すのが決まりです。ワンセットのルールにしています。内容が不十分で不満が残るものでも、一斉に「いいね！」なのか、疑問に思う人もいるかもしれません。しかし、誰もが自分を成長させよう、昨日の自分より一歩前進した自分であろうとしているのです。報告者もかけがえのない仲間の一人です。その存在や発言、呼びかけは無条件にいいものです。だから私たちの会社では、その内容以前に、まず全員が拍手といいね！で受け止めます。理屈抜きの全承認です。

ただしなんでも褒めればいいということではありません。職場は仲良しクラブではなく、理念の実現と経済合理性をマッチさせながら前進しようとしている存在です。会社を仲良しクラブにしてしまったら、成長もなく給料も上がりません。指摘すべきことがあれば、それはしっかりと伝えなければ相手のためにならず、会社の成長にもつながりません。ただしそのときは言い方に気をつけようと言っています。承認や称賛でサンドイッチにして、その間に指摘を挟むということです。

「報告ありがとう。特にここはすごく良くできている。見違えるようになった。ただもっとこうすると……」という趣旨で、何が改善されているかという承認が前置きとしてあって、その後に「しかしこの点はまだ考える余地がある。ここの解決が課題だと思う」と指摘し「それができればもっと良くなる」というポジティブな言葉で締めくくります。「それではだめだ」では終わらないことです。

こういう指摘なら「自分の努力は認められた。そのうえでもっと引き上げようとして言ってくれている」と受け止めることができます。「指摘してくれてありがとう」と終わることができるのです。

「盲点の窓」の存在をお互いに知っておく

人から自分の足りないところや間違っているところを指摘されたとき、人は誰でも反発したり、不快になったり、気持ちが沈んだりします。その感情の動きそのものは、大小の違いはあれ誰にでも起こるもので、否定することはできません。しかし、その感情に支配されてしまうと、その点を直せばもっと良くなると善意で指摘してくれているものも素直に受け取れなくなり、結局自分の成長を遅らせる要因になってしまいます。

心理学の世界で、他人との関係の中で自分を知る際に活用される「ジョハリの窓(Johari Window)」という概念があります。1955年に心理学者のジョセフ・ルフトとハリントン・インガムの2人によって考案されたもので、そこからこの名前がつきました。

そもそも自分から見た自分と他人から見た自分は同じではありません。「ジョハリの窓」では、それは4つの領域に分けて考えることができるとされています。1つ目は「開放の窓(open self)」です。自分も他人も知っている自己です。2つ目は「秘密の窓(hidden self)」。これは自分だけが知っていて、他人には知られていない自己です。3つ目は「盲点の窓(blind self)」。他人は知っているが自分では気づいていない自己です。そして4つ目が「未知の窓(unknown self)」。他人も自分も知らない自己です。

このように分類して考えれば、盲点の窓と秘密の窓をできるだけ小さくしていけば開放

［図6］　ジョハリの窓

	自分は知っている	自分は気づいていない
他人は知っている	「開放の窓」 open self 自分も他人も 知っている自己	「盲点の窓」 blind self 自分は気づいていないが 他人は知っている自己
他人は気づいていない	「秘密の窓」 hidden self 自分は知っているが 他人は気づいていない自己	「未知の窓」 unknown self 他人も自分も 知らない自己

Musubu ライブラリ『ジョハリの窓の4つの窓』より作成

の窓が大きくなり、未知の窓が小さくなっていくことが分かります。自分が理解している自分と、他人が理解している自分が近づいていくということです。開放の窓が大きくなれば、相手に対する親近感や信頼感が高まり、お互いに素直な気持ちで接することができるのでコミュニケーションも円滑になっていきます。

　私たちの会社では新入社員研修の中でこの4つの窓の話もしています。相手に何かを指摘するときも「これから『盲点の窓』の話をするよ」と前置きをします。すると相手はジョハリの窓の知識がすでにあるので「自分は気づくことができていないけれど、まわりには見えていることを話してくれるんだな」と心の準備ができます。怒られるのでもないし、だめだと言われるのでもない、自分のために自分の知らないことを気づかせてくれるのだと前向きに受け止める心の準備ができるのです。それは指摘が感情的に拒絶されることなく、前向きに活かされていくことにつながります。「言いにくいことなのに私のために言ってくれている。ありがとう」という受け止めになります。もちろん「盲点の窓」の指摘も「あなたならできる。そこが伸び代だよ」という励ましで終わります。

コミュニケーションエラーをなくす

いろいろな人がいる、人は同じではない、自分が当たり前と思っていることも、人によっては決して当たり前ではない――そのことを自覚しておくことも、コミュニケーションを円滑にして、お互いが成長していける環境をつくるために大切なことです。

もし全国に100店舗を構える社長がいたら間接部門を含め1000人近いスタッフを擁することになります。「一人ひとりと向き合う」ことは現実的ではありません。詳細なマニュアルをつくり、そのとおりに実行してもらえばある程度の成果が出るという状態にすることが必要になります。それも大きなチェーン店網を動かす方法です。しかし、数店舗から10店舗前後を経営するなら、スタッフ一人ひとりに向き合うことができるし、それが必要です。１００店舗を展開して成功している経営者の経営法則をそのまま取り入れても、うまくいくとは思えません。

一人ひとりは性格も、ものの感じ方も、感動するポイントも自分を鼓舞する動機も皆違います。「そんなつもりで言ったわけじゃない」という会話を時々耳にしますが、自分の感覚では当たり前のことも相手の感覚では違う受け止めになってしまうことはよくあることです。

大前提にすべきは誰にとっても同じように当たり前というものはない、ということです。「これは知っていて当たり前」「これくらい理解できて当たり前」「1年目だからいちばん先に来るのが当然」「部下だからこれをやって当たり前」……というような、なんの根拠もない「当たり前」が広がってしまうと、コミュニケーションエラーの元になります。「なぜできないんだ」という乱暴な指摘が生まれるからです。相手がどういう存在なのか、何に感動し、何を大切にしているのか、何をモチベーションに働いているのか——人はそれぞれ違うのです。それを前提に「明《あき》らめる」ことが必要です。諦めるのではなく明らめるのです。その人らしさがどこにあるのかを知っていることは、コミュニケーションをスムーズにするために欠かせません。

先に人材育成のなかでお互いに学び合う関係づくりの基礎になるエマジェネティックスを紹介しましたが、コミュニケーションエラーをできるだけ回避するツールとしても大いに役に立ちます。「私の言っていること、分からない？」という言葉が発せられた瞬間にコミュニケーションは閉ざされます。もしかしたら、その場だけでは済まないかもしれません。「あの人とは話が通じない。話したくない」と尾を引いてしまうかもしれないのです。

相手の独特な表現の仕方や考え方の傾向、心を動かすポイントなどをあらかじめ知っていれば、言葉尻をとらえたり、感情的に受け止めたりすることもなくなり、冷静に意見交換をすることができるようになります。

心理的安全性のある組織が人を成長させる

「ありがとう」の言葉が飛び交い、批判やアドバイスも素直に受け止められ、さらにお互いのキャラクターも念頭に、双方が相手に届きやすいコミュニケーションを心がける――私たちの会社が取り組んできたことは一人ひとりの成長を後押しする組織づくりにつながったと思います。そしてその取り組みは、自らを変革しながら成長していく組織に欠かせない「心理的な安全性」を育むことになりました。

心理的な安全性という概念も心理学に由来するものですが、成長を続けていく組織のあり方としてビジネスの世界でも重要視されています。この組織内では、メンバーの発言や指摘によって人間関係の悪化を招くことがないという安心感が共有されていることが心理的安全性のある組織です。そこでは誰もが臆せずに質問し、批判し、新しいアイデアや思い切った方向転換なども提案することができます。その気持ちの良い議論の中から、新たな事業や取り組みも生まれるのです。

リーダーの統率の仕方にもよりますが、多くの組織は「こんなことを言うと、無知だと思われるのではないか」とか「こんなミスをしたと明かしたら無能だと思われるに違いない」「これを頼んだら仕事を増やさないでくれと言われそうだ」「それを否定したらきっと怒られる」といったネガティブな気持ちが動き、必要があるのに質問を控えたり、隠したり、助けを求めるのをやめたり、黙ってしまったりするということが起こりがちです。そこにはチームメンバーの心理的な安全性が担保されていません。重要な質問も、可能性のある提案もしまい込まれてしまい、新たな道に踏み出すことができません。

存在が承認されている、感謝されていると常に感じることができることは、心理的安全性にとって欠かせません。コミュニケーションを充実させるために、さまざまなツールも活用して、お互いがお互いを理解するように努力しなければならないと思います。さらに私は「傾聴すること」「相手を人として受け入れ、可能性を見つけるために努力すること」「プラス面にフォーカスし、応援していくこと」などを、まず自分自身の行動で示し、院長やリーダー、そしてスタッフにも求めていきたいと思っています。まだ道半ばですが、そういう組織づくりや環境づくりが少しずつ進んでいると感じています。

福利厚生は最大限充実させ、働きやすい環境を整える

気持ちの良い仲間がいる会社で自分の成長の可能性も実感することができる、会社としても元気で伸び盛りの勢いがある――スタッフがそう感じる職場をつくり上げることは、店舗を増やしながら事業を伸ばしていくために、欠かすことができない取り組みです。ただし「いい会社だけど忙しすぎる。自分の時間が取れない」というのでは、スタッフはいずれ疲弊してしまいます。特に私たちの仕事は、次々と訪れるお客様と真剣に向き合い、痛みや悩みに寄り添って一緒に治していきましょうと励まし、そして体を使って施術を行うハードな毎日です。

スタッフは院内で待っていて1日に10人前後の人に施術をします。1週間であれば50回ほどになります。週に1回のお客様への施術は50分の1にすぎません。しかし、お客様から見れば週に1回限りの体験です。毎回新鮮で、貴重な時間であるはずです。施術者は常にそのことに想いをはせ、50分の1の仕事という感覚を捨てて取り組みます。だから1日の密度は本当に濃いものです。しかも自分の技術向上も図らなければなりません。神経を

使い、体力も消耗します。リフレッシュする時間は確保する必要があり、それを確保するのは経営者の責任です。

サロン業は営業時間が過ぎてから研修が予定されることが多いなど、残業が多く、サービス業だけに休日も少ないことで知られています。しかし疲れていてはお客様に対して良い施術ができません。

年間休日日数の拡大、残業時間の削減、有給休暇の取得推進などは、経営者が先頭に立って進めなければならないことです。近い将来の開業を念頭に、今は修業のときだと割り切って休み返上で頑張る、という人は現代では限りなく少数派です。経営者もそういう人に甘えていることはできません。成長をサポートするための職場環境づくりは、同時に、他業界に比べても遜色のない給料の保証であり、気兼ねなくきちんと休日が取れ、定時に仕事を終えることができるという労働条件の改善と同時に進められるべきものでなければなりません。

私たちの会社では、年間休日日数や有給休暇日数について毎年見直し、可能な限り増やして業界でも上位の水準を常に維持するようにしています。また給与水準も同業他社を常に上回るように設定しています。

また、美健整体や骨盤矯正、循環調整や内臓調整などに関する30種以上の技術が習得できる体制が整っていること、治療以外でも一流のホスピタリティ・医療接遇、人前で話すことが苦にならないアウトプット力、本当の意味での相手目線、目標達成に向けた計画力と実行力、リーダーシップ力などが身につくことを採用時から明示し、社内外での研修を計画的に実施し成長意欲にあふれるスタッフの応援をしています。もちろん研修は営業時間内に実施し、残業時間が増えないようにしています。

時間外のスタッフの交流についても会社として応援することにしていて、休日にスタッフ5人以上でどこかに出かけたり、食事をしたり、ボウリングをしたり、なんでもいいのですが、そういう活動をしたときは〝部活〟と見なして1人当たり1000円を活動費として支給することにしています。

目標設定をサポートするための面談を定期的に実施

休日や残業時間などに関する配慮によって働きやすい環境を整えることは、特にサロン業の世界では重要です。ただし、仲良く楽しくということが職場の目的ではありません。オフタイムの充実も、仕事そのものが充実し成長の実感もあるということが伴っていなければなりません。そのためには、各自がきちんと5年後、10年後に、どのような資格や技術を持ち、お客様にどのようなサービスを提供できる施術者になっていたいのか、具体的に目標設定できることが必要です。目標が見えなければ、成長度を推し量ることができないからです。

私たちの会社では、院長が毎週1回、最低5分間の時間を取って一対一で面談を行うようにしています。そこで目標の設定や、目標実現のための課題について話をします。時間が足りないと判断したときや、プライベートなことでさらに対話が必要だと院長が考えたときは、ランチタイムなどを使って面談を行います。また、各院長に対しては、やはり毎週1回、マネージャーが対話の機会を持つことにしています。こうした対話に伴って飲食費が必要になることもありますが、それは各院長やマネージャーに毎月使って良い予算を設けて、その範囲内で計画的に使ってもらいます。もちろんただ食事をするだけにならないよう、内容は報告書で伝えてもらっています。

来賓を招いて経営計画発表会を開く

スタッフの働く環境の整備は、会社の成長とスタッフの成長の両者が相乗効果を生みながら、らせん的に高まっていくことを目標にしています。スタッフの幸せか、会社の成長かという二者択一ではありません。

そのためには会社が今何を考えどこを目指しているのか、中長期の展望と、直近1年の計画は、きちんとスタッフに伝えなければなりません。そしてそれは、法人である以上、社会との約束であり、社会的責任を果たすという意味を持っていることをスタッフにも周知する必要があります。「うちの会社は楽しく働けます」というだけでは、スタッフの成長と会社の成長を同時に実現することはできません。

多店舗展開を支える環境づくりの一環として、会社の社会的な存在価値について社員の共感をつくることは重要です。それが伴わなければ、会社は現状維持で構わない、自分の待遇さえ安定していればよいという意識になってしまうからです。

自分が成長できる楽しい仲間がいる会社であると同時に、社会に対して貢献し、きちんと役割を果たそうとしている会社であること、その自覚のもとにスタッフが一体となったときに、多店舗展開しながら進む会社は、さらに前へと進んでいく力を持ちます。

私たちの会社が「経営計画書」を作成していることは前に触れたとおりですが、会社と社会とのつながりを肌で感じてもらうために、毎年の期初に外部に公開して経営計画発表会を行っています。全スタッフ参加のもと、ホテルの宴会場を借り、リハーサルを含め丸1日かけて行うもので、取引先の銀行などから複数の来賓も出席します。スタッフは全員スーツ着用をルールにした緊張感のある発表会です。日常の雰囲気とはまったく違うものにすることで、経営計画の重要性と、それを社会に問うことの意味を改めて感じてもらうという狙いもあります。

開会の前には、スタッフ全員が整列して来賓を拍手で迎え、着席後に開会前言をしたあと、理念の唱和をして、来賓の紹介、その後、社長からの経営計画発表、と進行します。そのあとは今期の表彰のセレモニーと受賞者の挨拶、スタッフの決意表明、閉会宣言と続きます。

式次第は分単位で細かく決められており、スタッフが分担してさまざまな役割を果たします。一斉に起立してお辞儀をしたり、拍手をしたりする場面も多く、全員の所作がしっかりそろうまで午前中から練習を重ねます。

スタッフ30人ほどの地域の小さな会社で、もちろん上場会社でもなく、それでもここまでやるのかと思われるかもしれません。実際、こういう雰囲気は好きではない、と反発したスタッフもいました。しかし、企業が社会的な存在であるとは、こういうことがきちんとできることだと思います。むしろ反発が出たことは良かったと思いました。そのスタッフは結局退社してしまいましたが、逆に、私たちの会社はこういう会社なのだという共通認識をつくるきっかけになり、スタッフの結束も高まりました。普段は仲良く楽しくでもいいのですが、取引先の金融機関を来賓として迎え、社会に広く経営方針を発表するときは、自ずからそれにふさわしい振る舞いができなければなりません。それも会社が成長していく雰囲気をつくるポイントの一つです。

私の経営計画の発表は、まず「今期1年間、お疲れ様でした、ありがとう」というねぎらいの言葉から始まります。売上高、粗利益など主要な数字を示し、この数字と成果はスタッフの皆さんのおかげですと感謝を伝え、その後、反省点について話します。

目標数字に関する一部の未達はこういう原因であり、反省点はここにある、それを解決するために来期はこういう取り組みをしたい、という話です。これを私たちが掲げる理念の実現に向けた長期構想の中で着実に実現して、目標の実現に向かって歩を進めたいと説明し、最後に社長としての決意表明をします。その結びは「無理を承知で皆さんに協力をお願いします。よろしくお願いします」という言葉です。私自身が、その高い目標のために必死に頑張りますという意思表示でもあります。

実際社員からは「店舗で言葉を交わす社長とは違う社長の姿と力のこもった言葉に迫力を感じた」「社長の決意表明を聞いて自分ももっと頑張ろうという気持ちになった」という感想をもらっています。

多店舗展開しながら、さらに前に進んでいこうとするのは、私やマネージャーだけの夢ではありません。全スタッフの一致した想いです。多店舗展開は、普段は働く場を異にして接触できなくても、心を一つにして進んでいると確信できる環境の整備や雰囲気づくりと、それを肌で感じて心を熱くする機会が必要です。経営計画発表会は、私たちの会社にとって、この仲間でやっていけばもっと成長でき、自分も会社も豊かになりながら社会に貢献できるということを改めて確認する場となっています。たとえスタッフの数が少なくても、ぜひ社会を意識し公開で開催すべきものだと思います。

半期に1度の社員総会でも一体感を醸成

1年に1度開く経営発表会に加えて、期の中間で社員総会を開催しています。経営計画発表会のような対外的な要素はなく、服装や振る舞いに神経を使ったり、議事を分単位で厳密に進行したりするような堅苦しさはありません。しかし、店舗の枠を超えて全スタッフが顔を合わせ、半期を振り返り、残りの半期の目標を確認することには大きな意味があります。

やはり1日を使いますが、せっかく全スタッフがそろう機会なので、午前中はチームビルディングに関する研修を組み込んでいます。お客様はもちろん大切ですが、同じ目標を持って毎日店に集まり、助け合いながら一緒に働く仲間はもっと大事な存在です。そう言われてみればそうだ、とは誰もが思い、異を唱える人はいないと思います。しかし「働く仲間のフルネームを漢字で書けますか?」とか「相手の名前を呼んで話をしていますか？」といった振り返りをしてみると、なかなかできていないことに気づかされます。仲間が大切だということを知識として知ることと、実際に行動として表現できるようになることは同じではありません。ステップが必要です。また、1回聞いただけで、いい話だと終わらないように、繰り返し学ぶことも必要です。チームビルディングに関する研修と社員総会、その後に行う表彰（経営計画発表会で行う表彰とは内容を変えています）、そして懇親会は、多店舗展開を支える職場の環境づくりとして、大きな役割を果たしています。

小規模で多店舗展開するサロン業では、人材の確保が大きな課題となり、採用および入社した人材をいかに定着させ離職の発生を抑えるのかということが、多くの経営者の悩み事になっています。その解決なしに多店舗展開は実現できません。そのためには、採用と入社後の育成に加えて、ここで頑張っていこうという職場環境が築かれていることが欠かせません。全産業の中でも、宿泊業、飲食サービス業に次いで離職率が高いのはサロン業です。厚生労働省が実施した「若年者雇用実態調査」（２０１８年）によれば、離職理由のトップは「労働時間・休日・休暇の条件がよくなかった」（30・３％）ですが、僅差の第2位は「人間関係がよくなかった」（26・9％）となっていて「賃金の条件がよくなかった」「仕事が自分に合わない」という回答を上回っています。賃金よりも、また、仕事内容よりも、人間関係の問題が離職の大きな要素になっているのです。誰と働くのか、どういう雰囲気の職場なのか、ということこそ定着の大きな要素であり、自分らしく臆せず働くことができ、楽しいと実感できるような環境づくりこそ給与額以上に大切なこととして求められているのです。

［第5章］

スタッフの幸せを第一に考えれば、スモールビジネスの店舗拡大は成功する

多店舗展開は事業を拡大し、リスク回避にもつながる

腕に覚えのある技術を活かし美容室や理容室、エステサロンや整骨院・整体院、鍼灸院、さらに小さな飲食店などを開く人は少なくありません。いずれも人の生活に欠かせないものであり、技術はもちろん、独自のサービス開発、広告宣伝やマーケティングの工夫などによって、開業を成功させることは夢ではありません。一国一城の主となり、市場の確かな手応えを得て経営も安定すれば大きな満足も得られます。もちろんその店舗を手堅く経営していくという選択はありますが、2店舗、3店舗と拡大していくことにも魅力があります。

そもそも1店舗だけでの展開では事業の拡大、収益の向上といっても物理的に限界があります。1日のお客様数は営業時間と接客にあたる人数で決まってしまい、1店舗である限り、その物理的な壁は越えられません。

すでに1店舗目を軌道に乗せたわけですから、その勝ちパターンを言語化して最適化していれば、あとは人や物件などの条件がそろえば可能です。

また、リスク回避のためにも複数の店舗を持つことは有効です。1店舗だけでは、仮にその店が災害に遭うなど営業が続けられなくなったときに、たちまち収入がゼロになってしまいます。復旧に長期の日数がかかれば、せっかく始めた事業を廃業しなければならなくなる可能性もあります。しかし、もしほかに店舗があり災害を免れることができれば、収入がゼロになることはなく、経営が維持できます。実際、東北3県の広範囲に大きな被害が及んだ東日本大震災では、3県の外に店舗や支店を持っていた経営者は、それらの店舗が通常どおり営業できたことからなんとか事業を継続できたといいます。

多店舗展開に踏み出すことは事業の拡大や経営の安定に大きな意味があることは明らかで、それはスタッフやその家族を守ることにもつながります。

人を育て、その成長に関わることができる

しかし、多店舗展開の醍醐味《だいごみ》は事業収益の拡大や経営のリスク分散という、経営に直結した事柄にとどまりません。

その大きな魅力は、人の成長の機会をつくり、それを応援することができる喜びです。

自分が施術を担当したお客様から「ありがとう」という言葉をもらう、これは本当にうれしいものです。特にサロン業は、人の体に触れたり毎日の生活習慣に直接関係するアドバイスをしたりするため、顧客との関係は一般のサービス業に比べて非常に濃いものがあります。そこで受け取る「ありがとう」の言葉は重みがあります。

現場で働くことは本当に楽しく、やりがいも大きいのですが、自分が指導した部下が少しずつ成長していく姿や、彼らがお客様から感謝されているのを横で見るのは、それまで感じたことのない幸福感があります。スポーツ選手なども、自分が現役のときよりも、教え子がプレーしているときのほうがよほど緊張し、また、教え子が優勝したときは自分のときより数倍もうれしいと振り返っているのを耳にすることがよくあります。確かに人の成長に関わることはなかなか経験できないだけに、とても幸せな気持ちにさせてくれます。それはもちろん、1人より2人、2人より3人と人数が増えるほど大きくなっていきます。多店舗展開に踏み出せば人を育てなければなりませんが、育てる喜びという機会を新たにつくることができます。

院長として活躍する場を数多く用意できる

育てるのはスタッフだけではありません。店舗を広げていくためには、店舗運営を任せられる院長（店長）が必要です。現場の技術者が自分の技術だけをいくら磨いても、店舗運営はできません。マネジメントについて教えていく必要があります。人対人の関係をどう築くのか、もちろん売上や利益に対する責任も発生します。院長を育てることは一スタッフを育てることに比べて、より難しく、それだけ優秀な院長が育ったと感じたときの喜びは大きなものがあります。

スタッフの中にはマネジメントを学んで院長として活躍したいと考えているメンバーもいます。自分の施術でお客様に喜んでもらうことは私たちの仕事の大きな喜びですが、それに加えてスタッフを統率し、リーダーになって院を盛り上げていきたい、経営にタッチしてみたいと考えるスタッフも少なくありません。1店舗しかなければ、院長の椅子は1つしかなく、夢をかなえるためには退職して自分で店舗を構えるしかありません。ゼロから店を立ち上げることは簡単ではなく、非常に苦労したり、失敗したりしてしまう可能性もあります。

マネジメントに意欲のある人材の将来のためにも、店舗を増やしていけば、多くのスタッフに院長として活躍するチャンスを提供することができます。それも多店舗展開の大きな魅力です。

多店舗展開は地域を豊かにすることができる

私たちが展開する小規模のサロン業は、多店舗での展開といっても、県内かせいぜい隣県までの範囲内での展開です。全国を大規模チェーンで網羅する大手企業とは、異なる地域密着の事業です。しかし、同じ地元であっても自店舗のサービスを気に入ってくれたお客様が「自宅から30分くらいかかるので、もっと通いたいが大変」とか「友人に紹介したいけれど、1時間以上かかるので無理だ」という声が上がることがあります。もし地域で多店舗展開できれば、もっと多くの住民に通ってもらうことができるようになります。企業の地域貢献というと、お祭りに寄付をするとか、地域清掃をするとか、地域の対外的なセールスを手伝って観光客誘致に協力するといったことが思い浮かびます。しかし、人を健康にするという私たちの仕事は、増え続ける高齢者の転倒などの事故防止や健康寿命の増進に直接貢献するものです。

超高齢社会はこれからいよいよ本格化します。国立社会保障・人口問題研究所の最新の予測によれば、総人口に占める65歳以上の高齢者の割合は2036年には33・3％で3人に1人となり、2065年には38・4％に達して、国民の約2・6人に1人が65歳以上となると推計されています。また高齢者の一人暮らしも増え、同研究所の最新の予測では、2050年には65歳以上の高齢単身世帯は1084万世帯に上り、全世帯の20・6％に達すると見られています。5軒に1軒が高齢者の一人暮らし世帯となるのです。しかも先の高齢化率と同様これも東京をはじめとする大都市圏も含めた全国平均ですから、地方都市における高齢化率や高齢者単身世帯の割合は、さらに大きな数字になるのは間違いありません。高齢者が長く元気で働き続けることができ、退職してもできるだけ長く医療や介護に頼ることなく健康寿命を維持することが、社会の活力や安定につながり、社会保障費の拡大の抑制や、厳しい介護保険財政の改善につながります。

特に今、整体の世界では、手技による施術だけでなく、予防や姿勢の矯正、食事や栄養についてのアドバイス、健康保持のための運動までを一つにして総合的な健康ケアの拠点となることを目指しています。これまでの医療や理学療法、鍼灸、介護や保健の世界でバラバラに、しかも部分的に扱われてきたものを統合したものであり、これからの地域住民の健康維持を考えるうえで、非常に有望な取り組みとなっていくことは間違いありません。

高齢者に限らず、特に病気というのではないけれども慢性化した痛みがある、疲れると体調が悪化する、肩こりがひどい、といった悩みを抱えた人は大勢います。姿勢にゆがみのない人は1人もいないといってよいほどで、それが一部の筋肉を硬くし、場合によっては内臓の機能に影響を与えることがあります。座りっぱなしの仕事が増え、さまざまなストレスにさらされる日常生活が原因となって、体調の不良を訴える人は少なくありません。

統合された健康サービスを提供する整体院が多店舗展開を通じて地域を大きくカバーすることができれば、地域の健康拠点として大きな貢献をすることができます。

多店舗展開は経営者を育てる

多店舗展開は事業の安定と人の育成、地域貢献という意味で大きな意義を持つだけでなく、さらに経営者を育てる時間と場所をつくるものといえます。

1店舗、2店舗で、しかもそれ以上に広げないという方針を持っているなら、技術のリーダー兼店長として店舗を経営していくことはできると思います。しかしそれ以上に店舗を拡大していくなら、それは店長ではなく経営者になるということです。経営者としての学びを深めるために、積極的に外に出て、自分が所属する業界の動きはもちろん、他業界であっても躍進が話題になっている企業の動きを知り、さらに経営理論やマーケティング、組織づくり、人材育成などについて、広く学ぶことが必要です。それを通して広い視野と見識を手に入れ経営者にしかできない判断をしながら、経営の先頭に立つべきだと思います。

外の世界を積極的に見ていかなければ、自分よりうまくいっている会社がたくさんあるにもかかわらずそれに気づくことができません。〝井の中の蛙《かわず》〟状態で、ある日、予想もしなかったところから強力なライバルが出現し、自分の店が取り残されるということが起きかねません。店舗経営が行き詰まれば、自分だけでなくスタッフやその家族も不幸にしてしまいます。逆にいえば、自分が経営者として学びを深め成長していけば、それは一緒に働いてくれているスタッフやその家族の人生を豊かで幸福なものにすることができるのであり、学びは自分のためだけではありません。

私自身、外部の経営セミナーには積極的に参加するようにしてきました。書籍で学べるものもあり、最近はWEBを使ったウェビナーも盛んに開催されていますが、実際に講師を目の前にして生の声を聞くと、伝わってくるものが違います。特に近年の最近のセミナーは黙って2時間話を聴くといったものは少なく、参加者が自分でワークをしたり、それについて小グループで話し合ったりするといったアウトプットを交えたものが多く、学びが大きくなるように工夫されています。また、それにも増して魅力的だと思うのは、参加者との交流です。セミナー中のグループワークはもちろん、休憩時間や昼休み、さらに終了後に懇親会が設定されていることもあり、そうした機会に参加者同士で情報交換をしたり、自分の日頃の考えをぶつけ合ったりするのは非常に刺激的で、さまざまな収穫があります。懇親会が設定されているときは事情が許す限り出席するようにしてきました。セミナーに集まる経営者は、もっと学びたいという意欲的な人ばかりです。懇親会に残る人は、経営者同士の交流の中から何かをつかみたいと考えている人ですから、活発な議論が巻き起こります。

その日のセミナーの感想に始まり、最近の店舗経営でどんな悩みがあるのか、何をやったらうまくいったのか、いかなかったのか——あちこちで話が弾みます。その日の講師も加わり「さっきは話せなかったけれど、こんな話を耳にしたことがある」「最近ある人から面白い話を聞いて、今、店舗経営に応用できないかと掘り下げている」といった耳寄りの話を披露してくれることもあります。またこういう場に残る経営者は皆話し上手で人柄も素晴らしく、経営を学ぶだけでなく、経営者として、あるいは人としての立ち居振る舞いについて学ぶことも少なくありません。セミナーで知り合ったことを機に、紹介されて別のセミナーに一緒に出席するようになったり、個人的に交流を深めることになったりした人もいます。

経営者には外に出る時間が必要です。小規模な店舗の若手経営者には、そのための費用の用意も時間の捻出も大変です。実際、懇親会まで含めれば、費用はかなりかさみます。しかし、それは自分への価値ある投資です。店舗展開を通して手元に少し自由になるお金ができたからと、すぐに高級外車を乗り回したり、高級時計を手に入れたりする人もいますが、それとは比べものにならないほどわずかな金額で、さまざまな学びを得ることができ、経営を通してスタッフやお客様や地域の幸福の一端を担うことができます。

また、社外に出る時間をつくるためには安心して現場を任せられる人を育て、自分がいなくても問題なく店舗運営ができる組織にしておかなければなりません。それは多店舗経営へと歩を進めていくうえでも価値のある取り組みです。自分の時間が増え、店舗を任せられたスタッフの自立も促すことにもつながります。経営者が不在でも、また、いちいち「おうかがい」を立てなくても自分たちで店舗を運営していける力を持ったスタッフを育て、また、日頃から情報の連携を密にして自分が店舗を離れていても、良いことも悪いことも含めて、情報や報告がきちんと上がってくるようにしておくことが必要になります。

多店舗展開は、1店舗の責任者であることから、経営者として自分を飛躍させてくれるチャンスをくれるものでもあり、店舗のスタッフにも飛躍のチャンスをもたらします。

1店舗目から多店舗展開は計画しない

ぜひ多店舗展開にチャレンジすることを勧めたいと思います。ただし、1店舗目を出す前から多店舗展開をすると決めてスタートすることは避けたほうがよいというのが私の考えです。

最初から多店舗展開を考える人は「店の経営はこうすればうまくいく」という自信があり「ライバルが増えないうちに早く店舗展開したい」という考えなのだと思います。しかし、そういうやり方をすると、1店舗目から必要以上にお金をかけすぎてしまい、自分なりの店舗経営の進め方、自分の勝ちパターンをつかむ前に、撤退ラインが迫ってきてしまう、ということが起こりがちです。

1店舗目は、まずはとらえるくらいの心のゆとりを持って始め、勝ちパターンをつかむための助走期間と割り切ることが必要だと思います。

サービス業の多店舗展開は、人が育たなければ絶対に成功しません。建物と設備とマニュアルがあっても、それだけでは経営はうまくいかないのです。人と人が一対一で向き合う仕事であり、技術はもちろん、それ以上に気持ちの良い接遇ができる人柄やホスピタリティ、人間力を備えたスタッフがいなければ店頭での対応は十分とはいえません。

次の店舗を安心して任せられるスタッフや院長候補が育って、初めて2店舗目の計画が始まります。しかし、そこでも焦るのは禁物です。任せられると思ったけれどだめだった、と2店舗体制から早々と1店舗に戻り、もしくはそもそも自分は人を使うのは向いていないかもしれないと、一施術者に戻って小さな店舗をやっていくことにしたという例は少なくありません。

言語化しなければ決して身につかない

1店舗目から2店舗目への展開で苦労した私自身の経験を踏まえていえば、そういう人は、誰に、なんのために、何をしてほしいか、言葉にすることができていないのです。「自分のようにやればいい」とか「見れば分かるだろう」と思い込んでいる、あるいはせいぜい手順書や施術マニュアルを用意するくらいだからです。

しかし、言葉できちんと示さなければならないのは、なぜ、なんの目的でこの仕事をするのかというWHYであって、どうやるのかというHOWではありません。そのWHYこそ人を突き動かす最大の動機であり、組織の紐帯《ちゅうたい》となるものです。それは言葉で明確に表現されなければなりません。言葉になっていなければ、その想いは存在しないのと同じです。「なんとなく分かるよね」と言っても、言葉として表現されなければ伝わりません。

確かに言語化は簡単ではありません。以心伝心やあうんの呼吸が、人をつなぐ原理になりがちな日本ではなおさらです。言葉にしなければ分からないものでも、言葉としてあからさまにしないことをよしとしてしまうので、言語化の力は鍛えられることがありません。しかし、言葉にしようとする努力は、人に考えることを求め、考える力をつけてくれます。言語化の努力は、その人に成長を促し、新しい世界を拓きます。新しい言葉を得るということは、今まで知らなかった新しい世界を手に入れるということです。

多店舗展開の成功のためには、自分の目が届かなくても、自分がしてほしいと思うことを実行してくれる人が欠かせません。そのためには自分の心の奥にあるものも含めて、しっかり言語化する努力が必要です。それがスタッフに共有されたときに初めて多店舗展開の成功が見えてきます。

スタッフの幸せこそ経営者の幸せ

私は最初の店舗を2010年にオープンし、6年後の2016年に2店舗目を開院、その後、2020年、2022年、そして2023年と開院して、現在は5店舗体制で経営を進めています。店舗を少しずつ拡大していったこの14年間は、私にとって大きな手応えのある歳月となりました。

1店舗の院長でとどまらずに――その選択肢も決してなかったわけではありません――多店舗展開に踏み切ることで、私は小さな所帯ながら経営者になることができました。1店舗、2店舗では、やはり現場責任者であり、院長にすぎません。院長も立派な仕事ですが、私は経営者の道に進むことによってその仕事の楽しさややりがいを知り、自分が想像する以上の成長も実現できたと思います。

例えば経営者になることによって、自分が自由に計画できる時間を手に入れました。院長はじめスタッフがしっかりと現場を守ってくれているおかげで、自分で時間をデザインし、経営者として自分の成長のために使うことができるようになりました。今も現在進行形ですが、そこで得たものは非常に大きなものだと思います。私が自分の脳に刻み込んだものは、誰も盗むことはできません。おかしなたとえかもしれませんが、今私がお金もスタッフもすべてを失って丸裸になっても、この脳がある限り再起できるという自信があります。人脈も広がり声を掛ければ助けてくれる人がたくさんいます。もし自分が一院長のままだったとしたらなし得ないことです。

私一人だけでなく、家族関係や人間関係も豊かになりました。そして何より、一緒に働いてくれる多くのスタッフに出会い、縁あって私たちの会社で働くことで、大きく成長し、それぞれがやりたかったことを実現する手伝いができました。スタッフがたくましく育ち、豊かな人生を手に入れ、家族も含めて笑顔で毎日を送る姿を見ることは、本当に経営者冥利《みょうり》に尽きます。結婚して子どもを見せに来てくれるスタッフもいます。独立した元スタッフから、今こんな充実した仕事をしているという報告をもらうこともあります。まるで教え子の卒業後の活躍を知ってニコニコしている学校の先生のようですが、自分のこと以上にうれしく思います。

会社はスタッフが大切、スタッフはお客様が大切

院長という立場から、多店舗展開する事業の経営者となった私は、お客様に直接、施術などのサービスを提供することは、基本的にはありません。お客様にサービスを提供し、満足してもらうことによって事業を現場で支えているのは、スタッフ一人ひとりです。私の事業にとって最も大切なのはスタッフであり、スタッフが気持ちよく、豊かな心でお客様に接することができなければ、お客様の満足もありません。会社はスタッフを大切にし、スタッフはお客様を大切にする、それによって会社もスタッフもお客様も、全員が笑顔になります。

経営者としての私の仕事は、スタッフの夢の実現であり、幸せの実現です。その先にお客様の幸せがあります。スタッフの人生が豊かなものになること――それが経営者としての私のミッションです。

今私たちの会社では評価制度を新たに構築するために、私とマネージャーでいろいろな検討を進めています。その中で私はたいへん興味深い経営論に出会いました。

それは絆徳《ばんとく》経営と呼ばれるものです。まだ学び始めたばかりですが「相手に良いことをすることで絆《きずな》と徳を深め、経済合理性と理念の追求を矛盾なく両立させる経営理論」といわれています。私はスタッフの給料を増やしたい、それによって豊かな人生を手に入れることにつなげてほしいとずっと考えてきました。しかし一般には、会社はスタッフの給与をコストと考えてできるだけ抑えようとし、スタッフは逆に、もっときちんと評価して給料を上げてほしいと思っています。そこにあるのは対立構造です。その枠の中で考えていくと、給料を上げるということと経営者としての経営の舵《かじ》取りがぶつかってしまいます。給料が上がれば会社利益は落ちる、給料が下がれば会社の利益は上がる、という対立関係です。しかし「相手に良いことをする」という発想でスタッフの給料アップをゴールとして目指すということが経営にもプラスなのだと改めて気付きました。多くの経営者は、そんなことをゴールにしたら経営は成り立たないと驚くかもしれません。しかし、給料を増やすというゴールに向かって、その実現のために何をすればよいのか――給料を増やす最大の力は売上を伸ばすことです。原料調達やさまざまな経費の削減も給料のアップに多少寄与しますが、やはり最大の力は売上を伸ばすことです。そのために必要なのは、お客様の満足です。満足が大きくなれば、リピートは増え、口コミでさらにお客様が増えます。ほかのサービスも利用してみようかと考える人が現れ、また健康関連の物販も伸びる可能性があります。店舗の売上は大きく伸び、評価制度と結びつけることで給料も増えます。

経営者もスタッフも同じ目標に向かって歩むことができ、ここには経営者とスタッフの対立構造はありません。そして経済合理性と社会性や理念の両方が矛盾なく満たされています。

理想の追求とスタッフの給料アップを同時に実現していくことが会社の目的で最優先事項です。結果ではありません。経営者としてそこから考え始めます。そのためには、スタッフが着実に成長し、より大きな価値提供ができるように努力し続ける必要があります。したがって、日々学べる仕組みや環境を用意することが欠かせません。しかもそれが楽しく、職場で過ごす時間だけでなく、家族と過ごす人生そのものが充実していると実感できることも必要です。そうでなければ続かないからです。10年後、20年後の会社のビジョンを示すことも重要です。スタッフは自分がこの職場で年齢を重ねていったときに、どういう未来があるのか、想像することができず、不安を感じてしまうからです。そして、こうしたスタッフを支える取り組みができていけば、ますます質の高いサービスの提供ができ、お客様も、それにふさわしい対価を払ってくれることになります。会社もお客様もスタッフも三方よしです。ただしその起点はスタッフです。まずスタッフが満足できる給料が支払われ、働きやすく夢のある職場であることがすべての前提です。

多店舗展開の成功はスタッフファーストから

「スタッフの給料を増やすことを経営の目的とする」――経営者のこのスタッフファーストのマインドこそ、多店舗展開を成功させる人材マネジメントの肝となるものです。

多店舗展開が成功するかどうかは、魅力的なスタッフの存在にかかっています。経営者とスタッフは、背中合わせに反対方向を向くのではないし、正面から向かい合う存在でもありません。経営者とスタッフは強い絆で結ばれながら同じ目標を見て進むときに、お互いに最大の力を発揮します。どの山に登るのか、その方向を示すのは経営者です。しかしそれは経営者が一人で勝手に決めたものではなく、スタッフが目指したいと考えているものです。ゴールが一緒なら、役割の分担はありながら、互いに励まし合って同じ道を一緒に登っていくことができます。

多店舗展開は資金の余裕ができたから、もっと収益を上げたいから取り組むものではないと思います。多店舗展開は、院長を経営者に育て、新たな若い院長を育てる機会を提供し、さらにその下で一つになって業務に打ち込み、お客様に大きな満足を提供するスタッフを育てます。多店舗展開をするから人が育ち、人が育つから魅力的な店舗網が広がっていきます。一人でこつこつと一つの店を守る生き方もあります。そこから得られるものもあると思います。しかし、志をともにする仲間と多店舗展開に踏み出すことで得られるものはもっとずっと大きなものだと、自信を持ってそうお伝えしたいと思います。

おわりに

　最初の店舗を出したのは2010年のことでした。もともと私の実家は、両親が二人だけで鍼灸整骨院を開いていたのですが、私もその仕事をしようとはまったく考えていませんでした。二人とも視覚障害があり、田舎の小さな島であったせいか、そのことでからかわれるようなことがあって、私はその仕事にも魅力を感じることができなかったからです。

　しかし、大学卒業後に私が店長をしていた飲食店が、牛海綿状脳症（BSE）をきっかけにした風評被害で経営不振となりました。なんとか生き残ろうとしたのですが結局続けることができず、それを機に不安定な業界ではなく手に職をつけ、しっかり生きていかなければならないと思いました。そういう気持ちで改めて両親の仕事を見ると、「先生、ずっと良くなった。ありがとう」と足取りも軽く家路につく人がたくさんいることに気づきました。これほど心のこもった感謝の言葉をもらえる仕事なのだと再認識し、からかわれて恥ずかしいどころか素晴らしい仕事だと改めて感じて、私もこの仕事をしたいと思い、専門学校で技術を学ぶことにしました。まもなく柔整師の資格を取得、資格を活かして整骨院で働き、さらに実家の治療院の仕事を手伝いながら鍼灸師の学校に通ってその資格も取りました。その後、同じ柔整師の妻と私の2人が施術者となり、受付を含めて3人という小さな規模で鍼灸整骨院をスタートさせました。それが2010年のことで、私の初めての出店です。

幸いこの店舗は、妻の実家の応援もあって順調にスタートを切ることができ、スタッフも徐々に増やして、最終的には施術者8人に受付2人という体制にまで拡大しました。また保険診療から自費診療中心に切り替えたことも功を奏し、売上も利益も年を追って拡大していきました。

保険診療をやめ、自費診療一本に経営の路線を定めたことは、その後の人材の育成やマネジメントこそ多店舗展開の肝だと考えるようになった大きなきっかけでもあります。

私が1店舗目を開店した当時、「柔道整復の施術所（接骨院・整骨院）」は全国で約3万8000軒あり、その後2年ごとの集計で2000〜4000軒が増加するという状況で、2018年には5万軒を超え、やがてコンビニエンスストアの店舗数を抜くだろうといわれたほどでした「令和2年衛生行政報告例（就業医療関係者）結果」（厚生労働省）。実際、2018年のコンビニエンスストア数は5万8000店余り（日本フランチャイズチェーン協会調べ）で、伸びはほぼ止まっていたのです。

しかし、2018年をピークに接骨院・整骨院の拡大は止まり、店舗数は横ばいとなりました。2020年までの2年間の増加数はわずか287カ所だったのです。

総店舗数はほとんど変わらないのですが、実態は大手のチェーン店が伸び、個人経営やそれに近い小規模の店舗は撤退したり吸収されたりしています。

この状況の下では大手チェーン店と柔整師の奪い合いをしたり、価格競争をしていたりしたら小規模店舗は生き残れないと思いました。私たちの店が保険診療から自費診療に移ったのは、柔整師という特定の資格者がいなければできない保険診療による店舗経営では競争に勝てないし、時代に合わせたサービスの提供もできないと感じたからです。今の市場のニーズに丁寧に応えるためには、柔整師の資格のあるなしではなく、お客様にとって価値のある多様なサービスの提供ができる人材を育て、お客様一人ひとりにふさわしい価値の高い施術を提供しながら、その価値をきちんとお客様に伝えることができる人材です。それは資格者だからできるというのではなく、そうした人材はきちんとした教育プログラムを備えた店舗経営の中からしか育たないと思います。

技術を持ち、接客がきちんとでき、ホスピタリティの心にあふれた技術者を育てていかなければならないのは、それが小規模店舗の生き残る道であり、今まさにお客様が求めているサービスを提供するために求められていることだからです。人材教育、人材マネジメントこそ、労働集約型の小規模店舗経営者が今最も力を入れなければならないことなのではないかと考えています。

会社の器の大きさは経営者の器の大きさだと言われます。

私もその言葉を肝に銘じていますが、今も思い出すことがあります。

1店舗目のスタートから数年を経た頃のことです。社外の経営セミナーで顔なじみになった同業の若手経営者からも「そろそろ2店舗目ですね」といった話が出るようになっていました。特に多店舗展開をするという具体的な計画は持っていなかったのですが、スタッフ数にもゆとりができ始めていたことから2店舗目を開くことにして、2016年に、1店舗目のスタッフから3人を選抜し、受付1人と合わせて4人体制で分院を開きました。

しかしこの2店舗目は予想したほどはうまくいきませんでした。セミナーをきっかけに今も親しくしている経営者仲間からは「開業当時はスタッフへの不満ばかり口にしていたね」という耳の痛い話が出ます。

実際私は、外部セミナーに出かけた折などに、私とスタッフとの間やスタッフ間の人間関係について相談することが少なくありませんでした。人こそすべてだと思っていながら、しかし私は人を育てることができていませんでした。

そのときに指摘されたことで今も忘れないのは次の言葉です。

「院内で起こっていることはすべてあなたが決めたことです。あなたが教育し、あなたの振る舞いによって起きているんです。鏡の法則を知っていますか？　あなたの周囲で起きていることや言動は、すべてあなたを映し出したものです。鏡には中の像は変えられません。変えられるのは、そこに映っているあなた自身です」

確かにそうだと思いました。鏡に映っているのは自分なのに、私はそうとは気づかず、鏡の中の現実に不満を漏らし、変えなければと思っていたのです。しかし、鏡の中の像が自分自身であるなら、変わるべきは私自身でした。私自身が経営者としてもっと学び、自分を成長させていかなければ、いくら店舗を出してもうまくいくはずがない、自分が変わらなければ何も変わらないのだとつくづく思いました。

それ以来私は、本当に多くの人に出会い、たくさんの学びを授けてもらったと思います。社外だけではありません。1人、また1人と私たちの会社に加わってくれたスタッフ、創業時から私を支え、時に迷走する私を叱咤《しった》激励しながら伴走し続けてくれた妻とそのご両親、幼い子どもたちも私に多くの学びをくれました。

まだまだ道半ばです。私が偉そうに語れることなどありません。ただ、一つ言えるとすれば、世の中には素晴らしい教師がたくさんいて、多くの学びの可能性があり、そして、学ぶことは楽しいということです。ぜひ多くの学びの機会を得てほしい。それだけはお伝えすることができると思います。

最後に、これまで私を支えてくれた妻と家族、一緒に歩んでくれたスタッフの皆さんに「ありがとう」の言葉を伝えたいと思います。これからも力を貸してください。そして、それぞれの夢に向かって力を合わせて歩いていきましょう。

勢力匡展（せいりき まさのぶ）

1976年三重県生まれ。両親が自宅で鍼灸マッサージ院を経営、自営業に憧れを抱くようになる。1999年名古屋商科大学商学部国際経済学科を卒業後、営業職や飲食店店長を経験するが、手に職を付けたいと思い2000年に米田柔整専門学校へ入学。2004年、同校を卒業後名古屋市内の接骨院へ就職。2006年に父親と実家の鍼灸整骨院の共同経営者となり、同時に鍼灸師の資格取得のためユマニテク医療福祉大学校へ通う。2010年に、夫人の実家のある愛知県豊橋市でせいりき鍼灸整骨院を開業。2年目の2011年に同院を法人化し、2016年に分院2店舗目を開院。また、スタッフの成長と活躍の場を確保するという観点から店舗の拡大を目指す。現在、愛知県で最もスタッフ満足度の高い会社を目指し、県内で5店舗を経営。セミナー講師やコンサルタントなど活躍の場を広げている。

本書についての
ご意見・ご感想はコチラ

多店舗展開を成功に導く
人材マネジメント入門

二〇二四年九月六日　第一刷発行

著　者　勢力匡展
発行人　久保田貴幸
発行元　株式会社 幻冬舎メディアコンサルティング
〒一五一-〇〇五一　東京都渋谷区千駄ヶ谷四-九-七
電話　〇三-五四一一-六四四〇（編集）
発売元　株式会社 幻冬舎
〒一五一-〇〇五一　東京都渋谷区千駄ヶ谷四-九-七
電話　〇三-五四一一-六二二二（営業）
印刷・製本　中央精版印刷株式会社
装　丁　弓田和則

検印廃止

Printed in Japan　ISBN 978-4-344-94830-3　C2234
幻冬舎メディアコンサルティングHP　https://www.gentosha-mc.com/